NIRAチャレンジ・ブックス

流動化する日本の「文化」

グローバル時代の自己認識

園田英弘 編著

日本経済評論社

目次

第Ⅲ部　新しい時代の「日本人」

序　章　グローバル時代における自己認識
――「ナショナル・アイデンティティ」への新しい視角

園田　英弘

はじめに

この研究プロジェクトは、「グローバル時代」を迎えた現在、日本の文化を「維持」あるいは「発展」させるために、「京都」の文化的なストックの再検討をしてほしいという、総合研究開発機構・星野進保・前理事長からの申し出によって始まった。私は、現在の京都はそのような問題を考えるのには相応しい都市ではないと考え、[1]日本の「国民国家が創り出した文化」・「地域文化」・「グローバルな世界の文化動向」の三者の関係を考察しつつ、新しい時代における「日本人のアイデンティティ」を模索するため、過去・現在・近未来の「日本の『文化』」の問題を検討する研究会へと、問題点を再整理して議論の枠組みを作り替えた。

とはいえ、「京都」の文化的なストックという最初の問題意識は、研究の過程においていわば議論の「底流」として常に意識されていたことは、ここで認めておくべきだろう。しかし、しばしば無思慮に繰り返される「京都は日本文化のふるさと」（特に京都においては）などといった考えに、私たちがとらわれていたわけではないことは、最初に断っておきたい。長く続いた文化的伝統の中で、どのような部分を強調し、どのような部分を修正すべきか、これこそがこの研究全体の底流をなしている問題である。

第一節　問題点の所在

世界の相互依存が、ますます緊密化を高めようとするとき、日本のそれまで相対的固有性を保っていた「文化」が、今後どのような連続性を守ることが必要とされているのか、さらにまた、従来の経済的繁栄や社会的豊かさを維持するためには、日本の「文化」の改変を必要としているのはどのような部分であるのか。これらの問題を考えるために、国民国家成立期の歴史的検討にまで遡り、その歴史的認識をふまえて、本書は日本の「文化」の未来を展望する。

このような問題設定をすると、「グローバリゼーション」に対して、日本はどのように対処すべきかという現在流行の報告書のたぐいを、もう一つ増やすにすぎないと思われるかも知れない。現在、数多くの同種の著作物が出版されているが、「グローバルスタンダード」（和製英語らしいが）への適応を強調するものか、「日本文化」への回帰を志向するものかに、分裂を起こしているように思われる。

この研究の基本的立場は、「グローバリゼーション」と「伝統文化」は、いずれかを選ばなければならないような、対立関係にあるのではないとする点である。国民国家はなんらかの形態を変えつつも、グローバルな社会の基本単位として、今後も存続していくであろう。国民国家は存続するためには、なんらかの文化的伝統の上に、その土台を置いていなければならない。多くの日本人は、今後も日本語を日常語として使い、日本語の中に圧縮されて秘められている、日本人的発想や価値観や美意識は、連続性を持たざるを得ないと考える。しかし、言語も含めて「文化」というものは、常に再定義され、再構築されてきた、動的な価値観・生活様式なのであって、過去に完成され、固定化され、ただ守るだけの存在ではない。過去に蓄積された日本の「文化」を維持・発展させるためにも、日本の「文化」のある部分の改変は不可避である。

それは「伝統文化」と呼ばれるものにも当てはまる。それは、新しい創造の原点にもなれる、文化の動的基盤である。「伝統文化」の再検討や再発見によって、より古典的な姿への回帰も可能であり、逆に、グローバル社会への創造的適応によって、新たな「伝統文化」（形容矛盾だが）へと再生することもありうる。日本人で世界のファッション界で活躍している人々の戦略は、日本の「伝統服飾文化」の中からエッセンスと思われるものを取り出し、それを「世界化」（グローバル化）することを基本としている。このような日本の文化の世界化については、後ほど詳しく述べることにしよう。

ともあれ、「伝統文化」とは、歴史のさまざまな可能性の中から、一つの選択がなされた結果なのであって、歴史必然的に残された「伝統文化」なるものは存在しないのである。日本人は、百数十年前に、髷を切り、洋服を（特に男子は）着る選択をしたが、これは「伝統文化」の一部を捨て、その時代に必要だと思えるものを、主体的意志のもとに選び取ったのである。それは、現代風に表現するならば、「グローバリゼーション」(当時のグローバルな世界は、それはあまりに西洋中心的すぎたが)の流れに「適応」し、日本の「文化」の創造的改変を余儀なくされたのである。そして、一見すると冒険的に思える「文化」の変革なくしては、近代の日本はあり得なかったであろう。

このように見てくると、現在「グローバリゼーション」と呼ばれている、二〇世紀末期に出現したように思われている現象も、それなりの歴史性を持っていることが理解できるであろう。もちろん、交通や通信、特にコンピュータ技術の飛躍的向上が、新しいタイプの「グローバリゼーション」を想定せざるを得なくなっていることを認めるのにやぶさかではない。しかし、あらゆる現象が「歴史性」を持っていることも、また確かなことである。

一つだけ、データを示しておこう。『米欧回覧実記』の事実上の著者として知られている久米邦武には、昭和九年に出版された『久米博士九十年回顧録』という著書がある。久米は、天保一〇年(一八三九)に生まれている。アヘン戦争の一年前の生まれだ。彼は、『回顧録』の冒頭で、自分の生きてきた時代の総括を次のように述べている。

一八世紀の後半にフランスで「玩具的な蒸気船」[2]が発明されて以来、世界は大変革の時代を迎えた。それまでは、「欧羅巴各国は欧羅巴の舞台丈変革すると云うように個々の世界が出来ていたのである」。ところが「余の生まれる前後から海洋に蒸気船が往来し、風の順逆に拘わらず波頭を乗り切って」世界を駆けめぐるようになってしまった、と久米は回顧する。その結果、「日本は日本、支那は支那、欧州は欧州と、別々にしては居られぬ様になってきた」とされるのである。「是が即、世界の大変化を惹き起こす原因となり、余の生まれる(前の—引用者注)三百年間の変化と、百年に足らぬ余の一生涯に起こった変化とが、殆ど比較にならぬような大変化を観た訳である」。

この久米の感慨は、現在に進行している世界の変化の本質を衝いている。「グローバリゼーション」の「グローブ」とは「地球」（丸い大地）のことであり、「地球をまたにかけて旅する人」をglobetrotter というようになったのも、久米が生きていた一九世紀の後半のことであった。ということは、「グローバリゼーション」のもたらす課題は、現代の問題であるとともに、歴史的な問題であるということである。

「グローバリゼーション」の問題を考えるときに、流行語のように利用されてきたのが、「伝統文化」や「アイデンティティ」というキーワードであった。例えば、西洋の列強に直面したとき「東洋道徳西洋芸術」や「和魂洋才」というスローガンが必要であったのは、なぜか。それは、「東洋道徳」や「和魂」を正面に押し出さない限り、「西洋芸術」や「洋才」の積極的導入は不可能だったからであった。人間は自尊心を持つ動物である。すべての優れたものがすべて自己の「外」にあることを認めることは、とてもできないことである。自尊心のバランスシートと、考えてもいい。「アイデンティティ」を保ちながら、しかも自己変革を達成するためには、自尊心と他者の優越のバランスシートを保つことが必要なのである。

第二節　関係論的アイデンティティ論

このような一般的な認識を前提として、この研究では、従来と異なる「アイデンティティ」へのアプローチを試みた。

従来アイデンティティという観点からなされる議論は、一種の本質論的アイディティティ論であった。日本の歴史を通じて「変化しにくいもの」を日本人・日本文化の本質ととらえ、その意義を過度に強調してきた。それは超歴史的アイディティティ論であったと言えるであろう。それは、戦前では最終的には「国体論」というかたちで結晶化され、日本の敗戦とともに「国体論」は崩壊したが、戦後の高度経済成長以降は、日本人論や日本文化論という観点から、この日本列島にすむ人々の文化的固有性を、発見する知的努力がなされた。私は、「国体論」に与する者ではないが、日本人論や日本文化論のような日本に固有の文化を「発見」するための知的な努力を、高く評価する。

だがしかし、従来の日本人論や日本文化論は、方法論上の大きな欠陥を持っていた。この点に関しては、「逆欠如理論」〔園田一九九二〕や「日本文化論と逆欠如理論」〔園田一九九五〕で、私自身の方法的立場を明らかにしているので、詳細はそちらに譲るが、日本人論や日本文化論の観点から「日本人のアイデンティティ」を論じるためには、最小限、以下のことはここで述べておく必要があるだろう。

(1) 最初に確認しておかなければならないのは、日本で見られる現象が「日本にだけに見られる現象」であるかどうかの確認が、従来の日本人論・日本文化論ではほとんどなされていない、という点である。そもそも、そのような問題意識がなかったといってよい。例えば、「和」を重視する考えが日本には強かったという意見を認めたとしよう。しかし、それだけでは「和」を重視する考えが、日本固有かどうかは判らない。日本以外の「文化」には、そのようなものを重視する立場が「ない」、あるいは「弱かった」という論証は、ほとんどないからである。

このように考えてくると、日本人論や日本文化論のかなりの部分が、トートロジーに陥っていることが判る。人間関係のトラブルを、できるだけ避けようとする傾向を、「和」を重視する「日本文化」や「日本人」の国民性だと考え、逆に「和」を重視する文化的志向性という観点から、現実の人間関係のトラブルを回避する傾向の存在を指摘するのである。要するに、現実の行動（その一部は「文化」を含む）を、直接そのような「文化」で説明しているわけである。「文化」を「文化」で説明するというトートトロジーから、逃れるためには、日本的なものと思われるものについて、比較の基準として「世界に同類のものがあるか」を検討してみる必要がある。

この研究プロジェクトのメンバーの一人である白幡洋三郎氏の『花見と桜』で展開している「世界に花見はあるか」は、意図的・方法的な日本中心主義的な比較研究の、優れた実験例である。また嘉本伊都子氏の『国際結婚の誕生―〈文明国日本〉への道』も同様の立場から書かれた、新しいスタイルの「国民国家論」である。

このような比較研究を通してのみ、「日本的」なるものの構造的理解が可能になる。私は、このような意図的・方法的な日本中心主義的な比較の方法を「逆欠如」論と名付けた。それは、従来の比較研究が、西洋社会に比較の枠組みを求め、西洋にあるものが日本に「欠如」しているという結論を導き出してこざるを得なかった反省に立って、このような立場を主張しているのである。「欠如」論を、すべて否定しているのではない。それが、「発見的」方法として意図的に用いられるのは、「逆欠如」論がそうであるように、ともに有意義な方法であると考える。このような多様な観点からの比較の立場こそが、「日本―西洋」あべこべ物語風の日本認識や、過度の日本ユニーク論から解放される第一歩である。

(2)「文化」は、人間の行動の様式のことであるが、現実の行動は「文化」だけで説明できるようなものではない。現実の日本人の行動の多くは、外国の多くの人々と同じく「目的合理的」行動である。株価の上下を見ても判るとおり、日本人だろうがアメリカ人であろうが、資金を最大限に有効ならしめるための「目的合理的」計算行動に走る。社会生活のかなり多くの部分が、このような「目的合理的」な計算（あるいは行動の結果の予測）に基づいてなされている側面があることは、無視できない。このことを別の文脈で表現すると、人間の社会は（もちろん日本社会も含めて）、さまざまな「制度」のモザイックでできあがっており、「目的合理的」行動の外部環境（枠組み）は、「制度」なのである。同一の日本人でも「制度」が変われば、その「制度」が要求する枠内での合理的計算をするであろう。つまり、人々は、「制度的枠組」のなかで目的合理的な行動の選択を行っているのであって、このような意味では、大半の人間の行動は同じような性格を持っているのである。

それではここで言う「制度」とは何であろうか。「文化」と「制度」の関係は理論的にはさまざまの困難を含んでいるが、人間の心に「内在化」された『文化』を「文化」と呼び、「外在化」された『文化』を「制度」と呼んでおくことにしたい。「外在化された文化」である「制度」（ルールの体系と言っても良い）は、「内在化された文化」と異なり、外国から移入することは、慎重な配慮さえ怠らなければ、可能であり、日本の社会制度として定着させることも、不可能ではない。現代の日本人が、日々体験している生活は、このようにして海外から導入され、日本の社会制度として定着したものに、数多く満たされている。

したがって、日本人の行動を、「内面化された文化」から直接説明できる部分は、自ずから限定されていると言うことを、十分に自覚しておくべきであろう。アイデンティティという問題に即して言えば、「内面化された文化」の自己一貫性だけを問題にすべきではなく、さまざまな理由で、外国から移入された「制度」と「内面化された文化」の接点に生まれた、実際の行動から価値観までの多様な「領域」の狭間にこそ、よりリアリティの高いアイデンティティの所在があると考える。アイデンティティとは、たんなる「理念」ではない。アイデンティティとは、たんなる実際になされた選択的行動の「説明」原理でもない。

(3)　「グローバリゼーション」は歴史性を持っていると言うことはすでに述べた。本質論的アイデンティティ論と私が呼んだものは、その初期に形成された自己認識の形であり、イデオロギーであった。今の時点に立って、その時点の精神の「欠陥」をあげつらうのは、容易であるように見えて、実はそうでもない。明治の日本はグローバリゼーションに対応するために（それは西洋列強の「植民地」にならないための必死の努力であったが）、憲法・議会・裁判制度・近代的軍隊・教育制度・銀行・会社組織など、「制度」レベルの『文化』（言い換えれば「文明」）的な大変革を敢行せざるをえなかった。それは、まさしく国を挙げての西洋化の成否に、国運をかけていたのである。そのリアクションが本質論的アイデンティティの探求であった。

日本は、精神や自然や風土においては、けっして「西洋」に負けてはいない、という自己確認なしには、このような「制度」レベルの急速な「西洋化」を進めることは不可能であった。しかし、西洋の「制度」の導入と、それがうまく日本で機能するためには、日本人の「文化」の改変も必要である。外国産の「制度」が、日本の「制度」としてうまく機能するためには、「内面化された文化」の延長上に支えられなければならない。従来の「文化」の延長上にある、新しい「文化」とは、過去に蓄積された「文化」の一面を強調しつつ、同時に従来のままの「文化」のある側面を否定することを意味するであろう。

福沢諭吉が、英語の competition を「競争」と訳したとき、「争う」という字がはいっているのは「不穏」だと言った幕府高官の意見は、来るべき日本の非身分性的社会の到来を予感していたと言うべきであろう。このような保守的な意見もあったが、武士の「職分」(軍事・行政)を遂行するために、従来の「身分的文化」の創造的破壊も一方では進行させていたのである。武士身分の解体と、四民平等の社会の到来は、当然、競争社会をもたらす。

それまでの日本に、「競い合い」がなかったわけではない。しかし、「競い合い」から「競争」に転化したとき、古くからある「文化」に、新しい「文化」が接ぎ木されたのである。

「制度」の変革は世界の状況の変化を前提とし、また同時に古い「文化」(ここでは、武士という身分的名誉意識)を喚起する。「内面化された文化」は、それほど急速には変われない。むしろ、精神的危機として意識されれば、意図的に古い(と思われている)「文化」の強調へ力点が移されるだろう。明治維新が「王政復古」と「王政維新」という二つの顔を持っていたように、社会変動は常に逆説的である。

このような構図は、現代のグローバリゼーションをめぐる議論にも、形を変えて再現されている。グローバリゼーションは、世界各地のローカルな「文化」や「制度」を刺激し、その反発として各国のナショナリズムを目覚めさせる。それは日本だけで生じている現象ではない、いわば当然の反応である。しかしここで慎重に考えなければならないのは、現在、顕著に進行しているグローバリゼーションは、基本的には「制度」レベルの国際的相互依存の高まりであり、均質化の進行である。しかもそれは、現在の形成途上の現象を総称した言葉にすぎない。「市場原理主義」をもってグローバリゼーションの中心と見なす立場もあるが、「市場原理主義」はグローバリゼーションの一つの極端な現れであって、「市場原理主義」に反対するからグローバリゼーションそのものに背を向け、日本の固有主義に回帰しようとする姿勢は健全なものとは思われない。

日本のみならず、アメリカも含めてグローバリゼーションから逃避できる国はない。日本においては、今、健全な、いわば長期的な国益を考え抜いた、グローバリゼーションへの戦略的な対応が、図られなければならない。

(4)　日本の国民国家形成期の、アイディンティティ探求は、時代を遡り、「不動の」精神のバックボーンを探し出すことであった。均質の、自負に満ちた「国民」形成のためには、そのようなものを「創造」することは、歴史的に一度は通過しなければならない過程であった。その歴史的評価については、後ほど各論の中で触れることにする。ここで強調しなければならないのは、不必要な形容の繰り返しになるが、「自閉的ナショナリズム」(言い換えれば、自閉的ナショナル・アイディンティティ)では、これからのグローバルな世界を生き抜くための指針にはなれないということである。これからのナショナル・アイデンティティは、他者(他国)との関係をあらかじめ織り込んだものでなければならないということである。

異文化を、無視・排除し、あるいは低く見ることによって、自国の誇りの源泉にしていた本質論的アイデンティティではなく、対等の、異質の他者の存在を前提としたナショナル・アイデンティティの構築が必要なのである。明治維新以後の国民国家の成立と、「非西洋国」の日本のたぐいまれなる、急速な近代化の成功によって、日本は「非西洋国」の代表的存在になった。この立場は、非常にデリケートな立場であった。その根本にあるのは、西洋コンプレックスである。しかしながら同時に、

「非西洋国」に対する優越の意識はまぎれもないものがあった。

日本の敗戦から高度経済成長までは、ナショナル・アイデンティティのアパシーの時代といえるかもしれない。その後は、公的なナショナル・アイデンティティと言えるものはなかったが、「西洋国」と「非西洋国」の狭間で不安定な、自尊と自信のなさが同居している状態が続いた。自尊の現れは、日本人論や日本文化論として表現された。それまでの日本の社会科学は、西洋の歴史体験から構築された理論から成り立ち、日本の後進性はうまく説明できたが（不完全な革命・未成熟の市民社会・自我の確立の不十分さなど）、日本の経済的成功は、うまく説明できなかったからである。この空白を埋めたのが、日本人論や日本文化論であった。しかし、日本人の独自の行動様式（つまり「文化」）を中心とした、日本経済の成功の説明は、一つの根本的欠陥を持っていた。

約二〇年ほど前に、私は韓国の経済学者と「世界システム論」に立脚した日本と中国の経済発展の比較研究に関する本について議論をしたことがある。ここでとりあげたいのは「世界システム論」自体の検討ではない。韓国の経済学者の、この本に対する論評の中に含まれている含意である。彼は言った。「私はこの本の主張に賛成だ。日本人には不愉快かも知れないが！」。「世界システム論」に立脚すると、西洋とその国の関係が、特に重要になる。西洋に早く、より深く接触すればするほど、西洋の搾取は大きくなり、近代化は遅れる。日本の近代化の「成功」は、日本のマーケットがあまりに小さく（中国と比較して）、西洋に無視された、その幸運ゆえに、日本が比較的スムースに近代化に成功したというわけである。当時の日本は、経済的成功の理由を見い出すために、日本人論や日本文化論がさかんに論じられていた。例えば、日本の近代化がいち早くうまくいったのは、日本人が「勤勉」だったからだとか「規律正しい」といった「説明」らしきものが、流行っていた。

ここで重要なのは、「日本人は勤勉だ」という国民性論的意見は、暗黙の内に「日本人以外は勤勉ではない」というインプリケーションを持ってしまう点である。「日本人には不愉快かもしれないが！」というのは、韓国サイドからみた苛立ちであったように思われる。日本人は、相変わらず日本人優秀性神話に捕われているという風に、理解されてしまうのである。日本人は、何の気なしに「経済的成功は日本人の勤勉の成果」と思っているかもしれないが、「外」から見ると、そうは見えないというところが、あるいは傲慢に聞こえてしまうのが、この問題のデリケートさであろう。「勤勉」といっても、貧しさからの、いわば「強いられた勤勉」もあれば、心の底から「勤勉を志向する」ものまで、同じ「勤勉」という現象でもさまざまである。単純に「日本人の国民性」や「日本文化」と「勤勉」という具体的な行動を直接的に結びつけ、経済の成功の説明原理にするのは、無理がある。このような問題のデリケートさに気がつかないと、日本人論や日本文化論は、無神経なナショナル・アイデンティティ論となってしまうのである。グローバルな世界は、さまざまな国の相互の錯綜した交流・関係から成り立っている。自国への過剰な自信や自慢は、関係する他国の不当な蔑視につながってしまう。

したがって、このグローバルな世界においては、自国のナショナル・アイデンティティを、異文化・他国との関係をあらかじめ取り込んだかたちで考えなければならない。そのようなものはナショナル・アイデンティティと呼ぶ必要はないという、反論が出てくるのは、十分に自覚している。私の、このような反論に対する意見は、次のようなものだ。幕末から明治にかけて、緊急事態的に「国民国家」の形成や「近代化」を達成しなければならなかったときには、国民的エネルギーを凝集するために、また「国民」の誇りの源泉として、ある種のナショナル・アイデンティティ（「国体論」のようなものが良かったかどうかは別として）は、不可欠であった。

しかし、二一世紀を日本が生き抜くために、一九世紀タイプの自己防御的、あるいは「追いつき追い越せ」的なスローガンとしてのナショナル・アイデンティティは、不必要である。自国の文化に「誇り」をもつことは重要であるが、もしも「誇り」というものが、他者に対する優越を意味しているのだとしたら、必要なのは「誇り」ではなく、日本の文化に対する成熟した「愛着」と言うべきかも知れない。誰が日本人であるかは、結論の部分で述べるので、ここでは単純素朴に、日本人の「血」を引き継ぎ、日本生まれの、日本育ちの日本人のことを考えてみると、日本の「文化」は自己自身なのだ。

現在の日本を見ていると、日本人であることに自己嫌悪に陥った人は、かなり多い。しかし、大多数の日本人は、この国を好きであろうとなかろうと、この日本以外に、自分の生活の足場を見いだすことはできない。私は、コスモポリタン的世界に無縁の人間だから、自己に「愛着」を持つように、究極的には日本の「文化」に「愛着」を持たないではいられない。自己の立脚点を自覚しないで（愛着を持とうが、そうでなかろうが）、どのようにして多様な自己主張の強まるグローバルな世界で、日本は生き抜いていくことができるであろうか。

関係論的アイデンティティ論とは、人・モノ・情報が頻繁に行き交う時代には、アイデンティティの構造は、重層的たらざるを得ないということである。日本人の中に根づいている「文化」は、守り、育成し、さらにそれらを土台として新しい日本の「文化」の創造の母胎にしなければならない。しかし、それだけでは不十分である。

日本が大事なら、同様に、それぞれの国との関係の重要さを認めるのが大原則である。このことを忘れてしまえば、「皇紀二千六百年」を主張すれば、中国は「中華文明四千年」を主張するように、一九世紀から二〇世紀前半の悪い夢を繰り返すことになってしまう。一方で、歴史の古さを主張しあうのもいいが、現代の「グローバル世界」に共に生きている自覚、頻繁な人・モノ・情報の交流がますます重きをなす時代に生きていることへの深い自覚が必要なのではなかろうか。大阪と上海は、時間距離にして三時間である。情報は瞬時である。そのような時代に、われわれは生きている。

今までのナショナル・アイデンティティ論が、外国との差違ばかりを強調してきたとするならば、共通な部分の「発見」にもっと多くの勢力を注ぐべきではないのか。「逆欠如」と名づけた、方法的・意図的・日本中心主義の各国比較は、「共通性」と日本の「固有性」を同時に発見する方法である。日本のナショナル・アイデンティティは、かつて想定されていたような、タイトな文化的統一体としての日本文化としてではなく、ゆるやかな関連性を持つさまざまな文化の連合体となるであろう。愛国主義的ナショナル・アイデンティティのように、しゃにむに元気が出る「論」ではないが、現実の日本から帰納すればそのような姿しか描けないし、ある意味では、日本は「国民国家」形成期に特有のハードなナショナリズムを「克服」したということかもしれない。

以下では、本書の章立てにしたがって、編者としての意見と、各論文の位置づけを行っておきたい。

第三節　「日本的なもの」と国民国家

国民国家の成立は、多くの国で、さまざまな形で、それまでの社会・文化の再構成を必要としてきた。日本もその例外ではない。今後とも「国民国家」という基本的な枠組みの中で存続する将来の日本を見通すときに、明治維新から敗戦まで続いた、日本の第一期の「国民国家」についての深刻な反省と、その中から何を継承すべきかを検討しなければならない。トータルなグローバリゼーション賛歌と、無反省の過去の賛美は、日本という国家・社会の存続のためには非現実的であり、危険でもある。特にかつてないほどの速さでグローバリゼーションが進行している現在、従来型の「国民国家」をどこかで超える努力をしなければならない。

具体的には、国民国家成立期とその後の発展は、戦前の天皇制の歴史的検討を中心に行なわざるを得ない。それは、日本の国民国家は「外」からの圧倒的な圧力のもとに、「内」に蓄えられた「文化」的ストックを総動員して、天皇を中心とする国民国家形成へと帰結したのだから、ある意味では当然のことである。政治の実体的支配者としての「国王」は、世界各国に見られるが、古代中期から明治維新に至るまで、「権力」と「(文化的) 権威」を分離したかたちで続いてきた「皇室」の存在は、日本の歴史の最大の「謎」である。特に徳川政権の成立は、日本全土を実体的に政治支配した「権力」が、なぜ「征夷大将軍」などという中途半端な役職に甘んじたのかという問題と繋がっている。最近、渡辺浩氏が『東アジアの王権と思想』で、徳川政権では後期水戸学が「幕府」や「将軍」を使い出すまでは、それらの言葉は一般には使われていなかったと明言した。これは、本来ならば大きな学会論争に発展すべきであるのに、いまだに正面切った論争は起こっていない。後期水戸学的な大政委任論で、徳川政権を理解することができるであろうか。

福沢諭吉が、その自伝(『福翁自伝』)で、「大君のモナルキ」という徳川王朝の構想があったことを指摘しているが、幕末の政局のあり方次第では「近代徳川王朝」が成立していたかもしれない。世俗的な政権の「近代徳川王朝」が成立すれば、日本の近代史はもっと理解しやすいものになったのかもしれない。ところが、「司祭王」的な「皇室」が「国王」（あるいは皇帝―外務省は未だに天皇のことを外交文書でemperorと呼んでいる）になったために、徳川政権の世俗性に比べて、「宗教的性格」（「宗教」という言葉・概念は明治になるまでなかった）が強まったというべきであろう。そのため「政教分離」が、西洋的基準においては、明快さを確立することができなかった。ヘボンは彼の辞書（『和英語林集成』第三版、一八八六年）で、religionの訳語として「教え」を当て、用例の最後に「宗教」という言葉をかろうじて掲載している。

日本には、「宗派」の「教え」はあったが、「宗教」（それは暗黙のうちに一神教を意味していた）などはなかった。『広辞苑』によれば、「宗教」とは「神または何らかの超越的絶対者、あるいは卑俗なものから分離され禁忌された神聖なものに関する信仰・行事」となっており、また信者・教団・教義などを持つとされている。この国語辞書的定義には、色濃く西洋の「宗教」の考えが反映されているが、明治以降になって仏教・キリスト教などを「宗教」と見なし、超越的絶対者がいない儒教は「宗教」（「教え」の一種ではあるが）ではなく、明確な「教義」のない神道は「宗教ではない宗教」的色彩を強め、「天皇」を媒介として、政治に接近することになった。

「教義」をめぐる深刻な論争が、ヨーロッパ諸国に比べて、日本では希薄であったが、原武史の論文「出雲と近代日本――もう一つのアイデンティティの道」が示しているように、「神道」の宗教化を巡って根の深い論争が見られた。「宗教ならざる宗教」が、同じ「教義」を起源とした平田国学の諸系統の中から出てきた「出雲神話」を主体とする「新しい神道」を、「正統」な神学に反する「異端」として、邪教視して弾圧した。それは、私の観点からすれば、「神道」の西洋的「宗教」化ともいうべき現象であった。「神道」の近代は、可能性としては多様な発展の道があったと言うべきであろう。しかし、「国家神道」という道を歩み始めた日本には、「擬似的」国教をナショナル・アイデンティティの中核に置くしかなかった。

天皇の存在と儒教を混合して「教育勅語」も作られた。このような、いっけん復古的な政策も、明治憲法ができた後の「国民」の精神的バックボーンにしようという試みであり、キリスト教が西洋で果たしている「国家ノ機軸」を支える役割を、「教育勅語」に求めたのである。「教育勅語」は、特別注目すべき内容はもっていなかった。問題はその内容というよりは、至高の「天皇」というものを知らしめる教育の原点となったということであろう。「教育勅語」は、天皇を中心とする「非宗教的宗教」をナショナル・アイデンティティの中核に置かざるを得なかった、明治日本の根本的な困難性を体現している。それは、逆説的だが、日本の文化的伝統からの逸脱であった。

私は、ここで自分の「日本文化論」を展開するつもりはないが、日本では古くから「絶対的超越者」との関係で、道徳や信仰を保ち続けたのではないということだけは、明確にしておこう。イスラエルの社会学者アイゼンシュタット（S. N. Eisenstadt）が、大著の『日本文明』[3]のなかで、超越者と世俗の世界の緊張関係の中で「約束事」が決められているものを「軸文明」（哲学者ヤスパースの概念）と呼び、そうでないものを「非軸文明」とし、「日本文明」を「非軸文明」が唯一現存している「文明」だとした。議論すべき論点は多岐にわたるが[4]、アイゼンシュタットの西洋中心主義的アプローチを認めたとしたら、「超越者」のいない日本では、「文明」の骨格を作るのは「文化」しかなくなる。そうすると、日本は「文化中心的文明」（culture centered civilization）という、矛盾に満ちた性格を持っていることになる。日本を日本たらしめているものは「文化」しかないという重大な帰結は、国民国家形成のために日本が直面した問題を浮き彫りにしている。
日本の古代以来の非世俗的「権威」であった「皇室」が、王政復古の名のもとに、日本の政治的中心に位置することになったということは、この正体の不明な「文化」の頂点に「天皇」を位置づけることによって、近代「文明」を背景とする日本の国民国家のバックボーンにしようとしたのである。「国民国家」形成とは、西洋「文明」の枠組みを社会の根底で受け入れることであった。日本固有の歴史的背景をもちながらも、西洋を一種のモデルにした「国民国家」を形成しなければならなかったということは、西洋諸国の国民国家形成が体験しなかった独自の重荷を、明治国家は担わなければならなかったということである。

西洋の枠組みの中に、日本の固有のものをどのように位置づけるかは、政治だけではなく、その他の分野でも多くの問題を引き起こした。例えば、京都の問題を考えてみよう。日本には「首都」という観念がなかった。代わりにあったのはミヤコであった。ミヤコは王宮性・首都性・都会性の三者を主な構成物とした、複合的概念である。「首都」という観念が「公権力の所在地」という現在使われている意味であるとすれば、江戸時代の首都は、明らかに江戸であった。ところが、当時の日本人は「首都」という観念を持っておらず、それに代わって存在したのはミヤコという観念であった。ミヤコは、三要素からなる複合概念だと述べたが、江戸時代の前期、日本で最大の「大都会」は京都であった。京都は明らかに政治的中心ではなかったが、ミヤコだと見なされた。ミヤコ観念の中には、首都性という要素もあったが、「首都」という独立した概念を、江戸時代の日本人は持っていなかった。一八世紀を通じて、江戸は次第に京都をしのぐ「大都会」に成長した。それに伴って、江戸はミヤコ意識を獲得していった。「東都」という観念の成立である。

明治維新の後、江戸は東京と改称され、天皇の東京移住（明治二年）によって、東京は王宮性・首都性・都会性を併せ持つパーフェクトなミヤコになった。「首都」という言葉は幕末に見られるようになったが、明治時代にふつうに使われたのは「帝都」という言葉である。それは、伝統的なミヤコ観念の延長上に成立したものである。戦後、あまりに「皇室」を意識させる「帝都」に代わって「首都」という用例がポピュラーになったが、私は依然として東京は、単なる「首都」ではなく「ミヤコ」だと考える。

高木博志の論文「世界文化遺産と日本の文化財保護史——御物と陵墓の非国際性」は、日本の「文化財」には、史跡や博物館で公開されているものと、「秘匿」することによってその文化的権威を増す皇室財産の系統があったことを明らかにしている。正倉院御物や天皇陵が、後者の典型的な例である。ヨーロッパの王室財産は、美術館などで公開されていたが、ヨーロッパの王家は莫大な私有財産を持ち、その私的コレクションを博物館・美術館で国民に公開することで、王室の権威性を誇示していた。ところが、天皇家は江戸時代には、とるに足らない財産や収入しかなく、「文化財」と呼べるものは、明治になって収集されたものである。

西洋における、あからさまな富・文化財の誇示と、皇室財産の「秘匿」の意味は、天皇家が政治的支配の中心にあった「王家」ではなかったところからくるであろう。政治的、思想的文脈のなかで「天皇家」は、にわかに「王家」的にならざるを得なかったのである。これも、日本の国民国家形成が西洋の列強からの「外圧」であったことに対する、防衛的近代化の一つの側面であり、近代天皇制の一つの特質であると言ったらよいであろう。

劉建輝の論文「精神の『脱亜』——近代日本におけるナショナル・アイデンティティの成立とその

射程」は、同じ時期に「国民国家」形成に悩んでいた中国と日本の関係を論じたものである。日本では日清戦争の「勝利」によって自信を持つようになり、さまざまなスタイルの日本人論や国民性論が出版されるようになった。それらは、日本の「美質」を列挙したものであり、戦後の同種のものがそうであったように、暗黙のうちに中国や朝鮮の欠点を含意するものであった。また、西洋の諸国に対しては、「忠」や「義」において日本が優越するという論理の展開をおこなった。興味深いのは、このような日本の「脱亜」という根本的姿勢と、日本の国民性論が裏返しのかたちで中国に導入されたことである。愛国心や公共心のない「中国」という自己認識は、日本発の「中国像」がほかならぬ中国人自身に受け入れられたことを意味していた。それは、中国近代の悲惨な現実に対する反省の原点を、このような屈折したかたちで求めたからであった。「帝国中国」の「国民国家」化は、日本などでは想像もつかない困難を内包していた。

第四節　グローバル社会の「文化」

グローバリゼーションとは、地球の各国が相互依存を高め、世界の各地・各都市が「国家」という保護膜を通さずに、直接的にその影響下にさらされる、危機の時代でもある。しかし、目前に見える日本の「地域社会」の危機は、間接的にはグローバリゼーションと関係があるが、より直接的にはミヤコ東京の文化的な圧倒的影響と、豊かな社会になり、均質的な生活空間を、全国各地に拡大したところに生じている。端信行の論文「グローバル時代の地域文化」が指摘しているように、かつて日本に存在した「小盆地宇宙」的な日本の地域社会は、「ミヤコ東京」の影響下で、その個性の喪失に悩んでいる。「地域文化」を振興し、ローカル・アイデンティティを確立しようとするが、「地域」間の交流やマスコミの影響、さらには外国の「文化」の流入のために、必ずしもうまくいってはいない。

人間にとって、快適な生活空間の規模とは、どのようなものであるのか。どのような規模の生活空間が、その地域に住む人々のローカル・アイデンティティを満足させるのに十分であるのか。またローカル・アイデンティティという生活に密着した土台なしに、ナショナル・アイデンティティは安定した基盤を持ちうるのか。このようなことを考えてくると、現在の日本は、大きな曲がり角に来ていると思わざるを得ない。

高度経済成長以降、新幹線の伸延や高速道路の発達によって、日本には地方の中核都市が急速に発達した。北から、札幌・仙台・広島・福岡などである。これらの都市は、港湾や産業などの経済活動を背景にした都市ではない。小型の東京といったらいいだろう。

北海道では、戦前は人口規模でいけば、函館・小樽・札幌・旭川といった順番だった。この時期には、北海道はたんなる「地理的空間」あるいは「行政区域」としては存在していたが、社会的統一体としての北海道はまだ存在していなかった。ところが、行政の中心であった札幌が、戦後、他の都市を圧倒的に凌駕したのである。同様のことが九州についても言える。各地域の小型のミヤコ東京が、成長途上にある。この過程は、均質な「国民」、「地域」を作ろうとした、国民国家形成という運動がいまだに作用していることを意味している。

このような地域の中核都市の急成長は、日本国内のグローバル化の進行と表現しても差し支えないような現象を引き起こしている。このような趨勢に対して、もっと小さな地域の繁栄とアイデンティティを守ろうという活動も近年さかんになってきた。一村一品運動のようなものは、その典型だが、このようの動向の中に見え隠れするのは、自分たちの生活空間の主人は、自分たちだという意識であろう。全国どこへ行っても同じ街角や街道風景に対する、プロテストだとも言える。しかし、同時に忘れてならないのは、個性的生活空間を破壊してきたのも、快適な生活を求めてきた、そこの住人だということである。かくいう私も、巨大スパーマーケットの便利さに慣れた生活をしている、一日本人である。

このディレンマから逃れる方法は、あるのか。各地域の個性ある「地域文化」を再発見、あるいは創造するというのが、模範的回答であろう。全国でなされている、さまざまな活動を見てみると、二つのタイプがあるように思われる。一つは伝統回帰型。一つは外国願望型。伝統回帰型とは、説明はいらないと思うが、過去に栄えた「文化」や、事件・名所・旧跡を再興するというものである。眠っていた伝統の掘り起こしと言ってもよい。外国願望型とは、どの国でもいいが、外国の村や町と交流を深め（国際姉妹都市の提携はその典型）、あるいは地域の産業振興策としてビールやワインやソーセイジを地域の産業にしたり、ついでに観光客の誘引をもねらうといった数々の試みである。このような試みは、小さな地域だけでなく「東京ディズニーランド」や、最近大阪にできた「ユニバーサルスタジオ・ジャパン」などもあり、基本的には同じ「日本人の外国好き」を表現している。

グローバルな時代は、「制度」の同一化（もちろん完全とはいかないが）と、「文化」の多様化を志向する世界である。日本は、その近代化のはじめから「舶来趣味」（言い換えれば外国の文化に対する許容度が高かった）の国だから、国内の統一的「日本情緒」はますます減少し、日本国内において世界の各種「文化」のモザイック模様が増大していくだろう。日本のある地域に行けば、絵に描いたような過去の日本があり、また他の地域へ行けば「まがい物とはいえ」外国が体験できる世界になるのではなかろうか。このような事態は、多かれ少なかれ世界の各地に見られる傾向だが、日本の場合はより顕著に、こうした傾向が見られるものと思われる。

なぜなら、日本には「文化」を超えた普遍的原理・原則が「ない」ことをもって特色としてきたからである（「文化中心的文明」）。グローバルな世界とは、ヒト・情報・モノが、従来にないほどに高密度に交流しあう世界である。日本人は海外の魅力的と思えるものを、あまり深い思慮なく、取り入れてきた。このような異文化の気軽な摂取は、日本の「伝統」とも言えるものである。ラーメン・カレーライス・ハンバーグ、これらは「和食」ではないが、立派に日本の食事の「文化」を構成しているのである。元来、日本文化は「雑種文化」だという（これは戦前の純粋日本文化へのアンチテーゼとして述べられたものである）。戦後五〇年、アメリカの「文化」を中心とする外国の「文化」の影響は大きく、さらにその「雑種文化」性を高めてきた。文化の複合状態が、かつてないほどに高まった。そして、このような傾向は、今後とも続いていくだろう。

しかし、日本の「文化」のこのような雑種性は、「文化多元主義」と言われているものとは、根本的に異なっている。同等の「文化」の共存を志向するのが「文化多元主義」だとすれば、日本の「文化」の雑種性は、あくまで主体は日本人であり、日本人の観点から取捨選択されたものであって、多様な同格の「文化」の共存を志向する「文化的多元主義」とは異なっている。敢えてそれを表現すれば「文化混合主義」とでも言えようか。

日本は大量の異文化にさらされている。しかし、逆に言えば、日本のさまざまな「文化」が、さまざまなルートで世界に拡散していく程度が、加速していく時代でもある。白幡洋三郎の論文「文化複合とアイデンティティ――グローバル時代の日本『文化』」は、お茶・お花・柔道という古典的なものから、カラオケ・テレビゲームなど、日本産の「文化」が広く世界に影響を与えていることを指摘する。グローバルな時代とは、「文化越境」の時代であり、日本は知らず知らずのうちに「文化」輸出国になっているのである。日本の文化も含めて、外国においても文化複合状態は、進展していくだろう。

超長期的には人類の文化・言語がどのようになっていくかは予測もつかないが、コミュニケーション技術の高度化、労働力の国際移動、国際結婚の増加などにより、日本は、今後大きな変化を体験するに違いない。日本は「文化」の国際化のみならず、国内「社会」の国際化に直面することになろう。このような流れに対する、政策的に慎重な配慮は不可欠であるが、グローバル化の進行と、地域社会における伝統の創造的活性化は、同時並行的に進行していかなければならない。このことは、グローバルな時代を生き抜いていくためにも、現在の日本の地域社会の足腰を弱らせすぎてはならないと言うことを意味している。

生駒良雄の論文「留学と異文化理解――日本の「文化」理解を中心に」は、留学の意味を慎重に検討し、「対内文化政策」としての海外からの留学生の受け入れの重要性を説く。確かに留学生問題は、対外的文化政策と対内的文化政策の両面を持っている。長期的展望にたった、留学（派遣と受け入れともに）政策が不可欠であり、またたんなる留学生の倍増計画のみならず、それと連動した国内労働市場の開放をも視野に入れて考えなければならない。

第五節　新しい時代の「日本人」

最後に、新しい時代の「日本人」への示唆を述べておきたい。現在世界の各地で、従来の「国籍」＝「国民文化」（ナショナル・アイデンティティの根底）という社会装置だけで、グローバルな時代を乗り切れるかという切実な問題がある。飯笹佐代子の論文「日本人のアイデンティティと『国籍』――新たな『国民』概念の模索」は、「国籍」と「市民権」の関係に関する、西洋諸国における議論の現段階をふまえて、新しい「国民」概念の構築を模索したものである。「国民国家」の成立とともに出現した「国籍」を、グローバルな時代にどのように改変できるのか。生活の「場」を強調すれば、この日本列島に暮らしている人は、国籍を問わず「日本列島民」である。「国民国家」が当分はなくならないということは、「国籍」もなくならないということである。しかし、従来の「国籍」や「国民」概念をそのまま守るだけではなく、さまざまな「日本人」を概念化する努力を怠ってはならない。

労働力の国際移動は、今後ますます高まっていくであろう。長期にわたる「外国」での就労は、その国の「文化」に知らず知らずのうちにさらされることである。まして、意図的なその国の言語（例えば日本語）の修得は、新しい事態を将来するであろう。一つの社会の構成メンバーを、「国籍」ではなく「文化」（現代日本の文化の修得度）で定義するならば、「文化としての日本人」というものの存在に気がつくことになろう。園田英弘の論文「『文化』としての日本人――日本人のアイデンティティへの一つの示唆」も、一つの可能性としての「日本人」を浮かび上がらせたものである。

註

（1）この点については、［園田一九九八］を参照。

（2）一般的には、一八〇七年にアメリカで蒸気船が生まれたとされている。この問題については、［園田一九九三］の第一部を参照。

（3）原著は、［Eisenstadt, S. N.］。岩波書店から翻訳が近刊予定。

（4）その詳細については、Sonoda, Hidehiro & Eisenstadt, S. N. [1998] を参照。

参考・引用文献

久米邦武［一九七五］『米欧回覧実記』（全五巻）岩波文庫。

久米邦武［一九八五］『久米博士九十年回顧録』（全二巻）宗高書房。

白幡洋三郎［二〇〇〇］『花見と桜〈日本的なるもの〉再考』ＰＨＰ新書。

嘉本伊都子［二〇〇一］『国際結婚の誕生―〈文明国日本〉への道』新曜社。

園田英弘［一九九二］「逆欠如理論」『教育社会学研究』第一九集。

園田英弘［一九九三］『西洋化の構造―黒船・武士・国家―』思文閣出版。

園田英弘［一九九五］「日本文化論と逆欠如理論」浜口恵俊編『日本型モデルの構造』新曜社。

園田英弘［一九九八］「優雅なる衰退―京都の過去と現在―」『都市研究・京都』一九九八年三月、第十〇号。

福沢諭吉［一九五四］『福翁自伝』岩波文庫。

渡辺浩［一九九七］『東アジアの王権と思想』東京大学出版会。

Eisenstadt, S. N. [1996] *Japanese Civilization in a Comparative View*, The University of Chicago Press.

Sonoda, Hidehiro & Eisenstadt, S.N. [1998] *Japan in a Comparative Perspective*, INTERNATIONAL SYMPOSIUM 12, International Research Center for Japanese Studies.

第Ⅰ部　「日本的なもの」と国民国家

第一章　出雲と近代日本——もう一つのアイデンティティの道

原　武史

第一節　はじめに——忘れられた思想家・六人部是香

国学や復古神道を専門に研究している学者でもないかぎり、六人部是香《むとべよしか》（一七九八〜一八六三年）(1)の名を知っている人間はおそらく皆無といってよいだろう。六人部家は代々、山城国乙訓郡《おとくに》（現・京都府向日市《むこう》）にある向日神社の神官を務めてきた家であったが、是香は幼少期より復古神道を大成した平田篤胤（一七七六〜一八四三年）の書物に親しみ、一八二三（文政六）年に江戸から京に来た篤胤と面会したのを機に門人となった。篤胤は是香の学識を高く評価し、門外不出とされていた『古史伝』の筆写を許している。

是香が篤胤の思想的影響を受けながら、安政年間に書かれたとされる『顕幽順考論』二之巻と四之巻には、それぞれ次のような一節がある。

〔仲哀〕天皇の、此〔大物主神〕の御諭言を用ひ給はさるのみにあらず、其の神語を嘲り誹謗《そしり》給ひしかば、御琴を控《ひき》ながらに、崩《うせ》させ給ひつるも、全ら天皇の御所為なる云々。(2)帝王といへども、其大御心を善事に用ひ給ふは、神位界に坐して、恒に安泰に坐して、其寵臣等と共に燕楽し給ふめるを、（中略）若し大御心を善事に用ひ給はさるは勿論にて、太く憤りを懐きて、崩御させ給へるなどは、是れも一度は凶徒界の統領と成まして、是れはた其の寵臣等と、共に妖魅の凶議に関り給へり（其は盛衰記に見えたる、崇徳院の源の為義平の仲正等が子弟を率ゐまして、世の中を擾乱せんと謀り給へる、太平記にみえたる、後鳥羽院後醍醐院などの、其の近臣寵僧等と、共に妖魅の凶議を為し給ひつるを想ふべし）、是れ則ち幽冥の大神の幽政を主宰し給へるが故なり。(3)

簡単に注釈を加えよう。前者の文章では、『日本書紀』の文章に見えるように仲哀天皇が急死したのは、天皇が「大物主神」、つまり出雲大社の祭神であるオオクニヌシ（『古事記』では大国主神《おおくにぬしのかみ》、『日本書紀』では大己貴神《おおあなむちのかみ》と表記。以下、神名は原則として片仮名で記す）の「神語」を無視して熊襲征伐を強行しようとしたからであることが指摘されている。一方、後者の文章では、「幽冥の大神」であるオオクニヌシによる天皇の賞罰が説かれており、「大御心」を善事に用いた天皇は死後に「神位界」に行くのに対して、悪事に用いた天皇は死後に「凶徒界」に落ちるとされ、後者の具体的な例として、保元の乱を起こした崇徳上皇、承久の乱を起こした後鳥羽上皇、南北朝の動乱を招いた後醍醐天皇の名が挙げられている。

つまり是香によれば、天皇といえども、オオクニヌシを誹謗した場合、あるいは「大御心」を悪事に用いて世を乱したり、野心や怨念を残したまま死去した場合には、必ず神罰が当たるのである。この論理を応用すれば、自ら積極的な戦争指導を行ったわけではないにせよ、日中戦争や太平洋戦争を止めることができなかった昭和天皇は、戦争責任がないどころか、間違いなく「凶徒界」に落ちていることになろう。

一般に国学や復古神道といえば、一九世紀に台頭する後期水戸学とともに、明治維新のバックボーンとなった思想とされている。例えば本居宣長（一七三〇～一八〇一年）は、『直毘霊《なおびのみたま》』の中で「（天照）大御神の大命にも、天皇悪く坐しまさば、なまつろひそとは詔たまはずあれば、善く坐さむも悪く坐さむも、側よりうかがひはかり奉ることあたはず。天地のあるきはみ、月日の照すかぎりは、幾万代を経ても、動き坐さぬ大君にて坐せり。故れ、古語にも、当代の天皇をしも神と申して、実に神にし坐ませば、善（き）悪き御うへの論ひをすてて、ひたぶるに畏み敬ひ奉仕ぞ、まことの道には有ける」[4]と述べて、「神」である天皇に対する絶対的服従を説いた。

伊勢神宮の祭神であるアマテラス（『古事記』では天照大御神《あまてらすおおみかみ》、『日本書紀』では天照大神《あまてらすおおみかみ》と表記）や、その子孫である天皇こそをナショナル・アイデンティティの中核に据える国学や後期水戸学、あるいは後の「国家神道」にとって、先に引用した二つの文章からうかがえる是香の思想は、恐ろしく「不敬」なるものに映るに違いない。実際に一八九六（明治二九）年に『顕幽順考論』が『神道叢書』に収録されたときの序文には、「本書顕幽順考論は、今より見れば、不穏の説も、亦無きにあらず」[5]という一文がある。

ここで重要なのは、天皇の支配をそれ自体絶対化せず、個々の天皇の資質の違いに目を向ける思想、もっといえば、天皇ではなく、オオクニヌシの支配こそを絶対的なものと見なす思想が、外来思想ではなく、国学を継承する復古神道の中から出てきたことである。記紀神話を媒介としながらも、アマテラスや天皇を中核としない復古神道が、近代天皇制が形成される以前の段階で、すでに内在的に用意されていたのである。

確かに『顕幽順考論』に出てくる「神位界」「凶徒界」という言葉自体は、神道というよりはむしろ仏教、とりわけ『大無量寿経』の因果応報思想からの影響によるものと見なすことができ(6)、是香独特のものであったと考えることもできよう。だが、天皇よりもオオクニヌシを重視する思想は、けっして六人部是香だけのものではなかった。それどころか、平田篤胤に端を発し、六人部是香や後述する矢野玄道《やのはるみち》（一八二三〜八七年）をはじめとする篤胤の門人を経て、明治初期に出雲大社の国造《こくそう》である千家尊福《せんげたかとみ》（一八四五〜一九一八年）に受け継がれ、さらには大本教団の出口王仁三郎《でぐちおにさぶろう》（一八七一〜一九四八年）に継承発展してゆく一連の流れがあったというのが私見である。それは、天皇を「神」と見なす国家神道的な流れと鋭く対峙することになるがゆえに、やがて近代天皇制の中で抹殺される宿命をたどった。

復古神道の内実は多様であり、そのすべてが国家神道にストレートにつながっていったわけではなかった。本稿では、限られた紙幅の中で、近代日本で抹殺された思想的「遺産」として、そこから派生した「もう一つのアイデンティティの道」の存在を跡づけておきたい(7)。そして最後に、国家神道が解体された後の象徴天皇制の問題にも少し触れるつもりである。

第二節　「顕」と「幽」

六人部是香が「幽冥の大神」と呼び、アマテラスや天皇よりも重視したオオクニヌシとは、一体いかなる神であるのか。

周知のようにこの神は、記紀神話ではアマテラスの弟に当たるスサノヲ（『古事記』では須佐之男命《すさのをのみこと》、『日本書紀』では素戔嗚尊《すさのをのみこと》）の子孫として出雲に生まれたが、アマテラスの孫のニニギ（『古事記』では邇々芸命、『日本書紀』では瓊々杵尊）に国を譲った神とされている。しかしこの「国譲り」に関しては、『古事記』や『日本書紀』本書と、本書とは別に収録された『日本書紀』の一書とでは、その内容が大きく異なっている。

『古事記』や『日本書紀』本書では、オオクニヌシの「国作り」がほとんど言及されず、アマテラスをはじめとする高天原の神々が、地上にはびこる邪神の棟梁であるオオクニヌシを隠退させることで、初めて国土の平和と安定が保たれるとするトーンが強い。これに対して、『日本書紀』の一書では、オオクニヌシの国作りが具体的に言及されるとともに、高天原のタカミムスビ（『古事記』では高《たか》御産巣日神《みむすびのかみ》、『日本書紀』では高皇産霊尊《たかみむすびのみこと》）によってその業績が評価され、オオクニヌシは国譲りの代償として、次に示すような交換条件を新たに提示されているのである。

高皇産霊尊、乃《すなは》ち二の神を還し遣して、大己貴神に勅《みことのり》して曰く、「今、汝が所言《まうすこと》を聞くに、深くその理有り。故、更に条《をちをち》にして勅したまふ。夫れ汝が治《しら》す顕露《あらは》の事は、是吾孫《すめみま》治すべし。汝は以て神事《かみのこと》を治すべし。又汝が住むべき天日隅宮《あめのひすみのみや》は、今供造《つく》りまつらむこと、即ち千尋《ちひろ》の栲縄《たくなわ》を以て、結ひて百八十紐《ももむすびあまりやそむすび》にせむ（以下略）」とのたまふ。

是に、大己貴神報へて曰さく、「天神《あまつかみ》の勅教《のたまふみこと》、如此《かく》慇懃《ねむごろ》なり。敢へて命《おほせごと》に従はざらむや。吾が治す顕露の事は、皇孫《すめみま》当《まさ》に治めたまふべし。吾は退《さ》りて幽事《かくれたること》を治めむ」とまうす。(8)

『古事記』や『日本書紀』本書にはない、「顕露の事」と「幽事」という言葉が一対になって使われていることに注意したい。オオクニヌシは、単に隠退したわけではなく、「顕露の事」の支配をニニギに譲る代わりに、もう一つの世界である「幽事」の支配を全面的に依託されているのであり、支配権そのものは依然として失っていない。六人部是香が述べた「幽冥の大神」という言葉は、究極的にはここに由来している。

オオクニヌシの国譲りとともに新たに成立する、「顕」と「幽」。この二つの世界に対する注釈自体は室町時代からあったものの（『神代巻口訣《くけつ》』や『日本書紀纂疏《さんそ》』）、国学者として最初に注目したのは本居宣長であった。確かに宣長は、一方で前述の『直毘霊』に見られるように、天皇を「神」としてその支配を絶対化した。だが他方で、『古事記伝』十四之巻では、『古事記』のテキストを忠実に注釈するという原則を破って、オオクニヌシの国譲りの箇所にかぎり『日本書紀』一書に言及し、「顕」と「幽」の解釈を試みている。

宣長によれば、「顕露事」とは「現人の顕に行ふ事」であり、「朝廷の万の御政」を指すのに対して、「幽事」とは「顕に目にも見えず、誰為すともなく、神の為したまふ政」のことであり、オオクニヌシが統治している。(9)さらに政治論として書かれた『玉くしげ』では、顕幽論に触れただけでなく、オオクニヌシを「世中の幽事を掌り行ひ給ふ御神にましませば、天下上下の人の、恐れ敬ひ尊奉し奉らではかなはぬ御神」とまで述べて重視している。(10)晩年の宣長は、門人の千家俊信《せんげとしざね》（一七六四〜一八三一年）を通して、出雲や出雲大社に対する関心を深めていたことも知られている。

ただし宣長の場合、『古事記』を第一に重視する立場が一貫していたため、この問題を十分に論ずることはなかった。これに対して、宣長の門人を自称した平田篤胤は、『霊の真柱』の中で顕幽論をさらに積極的に展開し、「顕」を目に見える世界、「幽」を目に見えない世界とする宣長の解釈を継承しながら、宣長にはなかった新たな解釈を取り入れている。

篤胤はこう述べている。

凡人《ただびと》も如此《かく》生《い》きて現世《うつしよ》に在るほどは、顕明事にて、天皇命《すめらみこと》の御民《みたみ》とあるを、死《しに》ては、その魂やがて神にて、かの幽霊、冥魂などもいふ如く、すでにいはゆる幽冥に帰けるなれば、さては、その冥府を掌《し》り治《しろし》めす大神は、大国主の神に坐せば、彼の神に帰命奉《まつろひまつ》り、その御制《みおきて》を承賜《うけたま》はることなり。(11)

「顕」は「現世」、つまり生前の世界を意味するのに対して、「幽」は死後の世界を意味する。しかも「幽」は、宣長が想定した「黄泉」のような地下にあるのではなく、見えないが「顕」と同じ地上にあるとされる。人は「顕明界」にいる間は天皇の支配を受けるが、死後には魂が「幽冥界」に移動し、オオクニヌシの支配を受けるのである。こうして篤胤は、宣長にはなかった死後の世界という解釈を加えたことで、国学という学問を復古神道という「宗教」へと転換させたのであった。

さらに篤胤は、『古事記』の文章を一点一画も崩さずに注釈する宣長の学問的立場に満足せず、『古事記』や『日本書紀』一書など、既存のさまざまなテキストを取捨選択して新たに『古史正文』を作成するとともに、宣長の『古事記伝』に倣い、『古史正文』の注釈書である『古史伝』を執筆した。そこでは、「顕」と「幽」という二つの世界が決して対等の関係にあるのではなく、「幽」の方が優位に立つことが次のように明言されている。

> 此世にある間は、大かたの人は、百年には過ざるを、幽世に入ては無窮なり。然れば此世は、人の寓世にて、幽世の本世なること決なし。(12)

ここにあるのは、幽冥界にこそアイデンティティがあり、天皇に対してオオクニヌシが優位に立つという考え方である。したがって、「顕」を支配する天皇もまた、死ねば「幽世」に赴き、オオクニヌシの支配を受けることになる。このような篤胤の思想には、宣長の『直毘霊』に見られたような、天皇が一貫して正統的な支配者であり、その地位は決して揺らぐことがないとする国学の大前提を根本的に覆す可能性が内包されていた。

篤胤の死後、彼の門人や復古神道家の間で、このことが問題にならなかったはずはない。「顕」と「幽」という二つの世界を想定し、前者に対する後者の優位を主張する点では篤胤を継承しながらも、幽冥主宰神をオオクニヌシにすべきかをめぐっては意見が分かれた。『日本書紀』一書の記述にもかかわらず、これを拒否する人々は少なくなかった。

彼らがとった対抗手段は、大きく分けて二つあった。その一つは、『古事記』の冒頭に登場するアメノミナカヌシ（天之御中主神）、タカミムスビ、カミムスビ（神産巣日神）の三神を幽冥主宰神にしようと考える人々であり、佐藤《さとう》信淵《のぶひろ》（一七六九～一八五〇年）と鈴木雅之《すずきまさゆき》（一八三七～七一年）によって代表される。もう一つはアマテラスを幽冥主宰神にしようと考える人々であり、大国隆正《おおくにたかまさ》（一七九二～一八七一年）と黒住教の本多《ほんだ》応之助《おうのすけ》（一八二五～七一年）によって代表される。彼らは、スサノヲやオオクニヌシといった出雲系の国つ神を思想体系から切り落とし、「顕」と「幽」の支配を究極的に同一系統の天つ神（高天原の神々）に委ねることで、天つ神による一神教化を進めようとする政治的意図をもっていた点で共通していた。

なかでも津和野出身で、篤胤の門人となった大国隆正は、「本居氏は本居の一家言あり。平田氏には平田の一家言あり。隆正には隆正の一家言あり」（『死後安心録』[13]）として、宣長や篤胤との違いを鮮明にするとともに、晩年になるほど激しい篤胤批判を展開していった。隆正によれば、幽冥界は五つに分かれており、その中心にあるのは「日輪中の幽界」であって、オオクニヌシではなく、アマテラスが主宰している。「人はしらじと思ひて悪事をたくめども、日輪中の幽界はとくしられてありぬべし」（同[14]）、つまり人は生前にはアマテラスの子孫である天皇の支配を受け、死後にはアマテラスの支配を受ける。このような隆正の思想は、自ら「天照大神の神道」（『直毘霊補註』[15]）と呼んだことからもわかるように、顕幽論を除けば、篤胤よりはむしろ、後期水戸学に近いものであった。それは後述するように、明治維新後の神道国教化運動に大きな思想的影響を与えてゆくことになる。

しかし他方で、あくまで「顕」と「幽」の二元性にこだわり、オオクニヌシこそが幽冥界を主宰するという復古神道の本質を継承する人々がいなかったわけではない。冒頭に掲げた六人部是香は、幽冥界を「神位界」と「凶徒界」に分けるとともに、篤胤には積極的に現れていなかったオオクニヌシによる天皇の賞罰という観点を導入した。

さらに矢野玄道は、是香から『古史伝』を借り受けただけでなく、篤胤の養子の平田鐵胤《かねたね》（一七九九～一八八〇年）に依頼され、未完に終わった『古史伝』の続修を行っている。玄道が一八六八年の王政復古の大号令の直後に、岩倉具視に提出した政治綱領である『献芹詹語《けんきんせんご》』では、「幽冥ノ大統領」「幽冥ノ大主宰」を「杵築大神」「出雲大神」、すなわちオオクニヌシとした上で、王政復古もまた「元来、幽冥界ヨリ、皇祖大神ノ御冥賛被遊《あそばされ》候御恩頼《みたまのふゆ》ニ因《より》候」として、究極の原因を「幽冥界」に帰している。(16) 明治維新ですら、天皇が独力で行ったわけではなく、幽冥界を主宰するオオクニヌシの「御冥賛」があったおかげで成功したという見解をとっているのである。

第三節　「幽」の抹殺——国家神道の成立

明治新政府が、かつぎ出したばかりの天皇の支配を一刻も早く安定化させるべく、神道イデオロギーを必要としていたことは、古代の神祇官《じんぎかん》を再興する目的で、一八六八年陰暦二月に「神祇事務局」を設置したことにうかがえる。しかし、ここでいう神道イデオロギーとは、天皇自身を無条件に「神」と見なすものでなければならず、天皇よりも上位にオオクニヌシのような神を想定するものであってはならなかった。

翌年の陰暦七月に、神祇事務局は文字どおり「神祇官」となり、太政官よりも重視された。神祇官では、大国隆正の指導を受けた亀井茲監《かめいこれみ》（一八二四～八五年）や福羽美静《ふくばよししず》（一八三一～一九〇七年）ら、長州に近い津和野出身の人々（「津和野派」）が官職を独占し、矢野玄道や平田鉄胤らが排除されたのは、まさにいま述べたような思想的背景からであった。

その中で、神社行政の最高責任者である「神祇大輔」に昇りつめたのが福羽である。福羽は一八七一年、神祇官から改組された神祇省のもとでこのポストにつき、「神道国教化運動」を進めた。そして岩倉具視や大久保利通に向けて、次のような「神祇省の基本的方針」を宣言したのである。

> 人之生ルヽ所以、生レテ活動スル所以、死シテ魂魄ノ安スル所以、幽冥ヨリ出テヽ幽冥ニ帰スル、終始誰ノ功績ゾヤ。則《すなわち》天照皇大神ノ恩顧ナリ。此天照皇大神ハ高天原ヲ知シメス主宰ニシテ、天地間造化ヲ掌リ玉フ神ナレバ、此ノ神ヲ敬崇シテ其恩ヲ不思ハ親ヲ忘ルヽモ同様也。其天照大神ハ親ク今上天皇ノ遠祖神ナレバ、今上天皇ハ即チ此世ノ現《あき》ツ神ニテ、天照大神ノ御寄ニシテ此顕《うつ》シ世界ノ蒼生ヲ治メ賜ヘバ、主上ノ御恩ハ、天照皇大神ノ御恩モ同様ニ奉仰ベキナリ。(17)

大国隆正の思想的影響は一見して明らかである。だが神道国教化運動は、アマテラスよりもアメノミナカヌシ、タカミムスビ、カミムスビの三神の方を「造化三神」として重視する薩摩出身の官僚（「薩摩派」）からの反発を受け、七二年に神祇省が廃止されることで挫折に追い込まれた。

何よりも、明治初期にあっては、アマテラスはもとより、まだ天皇の存在すらも知らない人々が大多数を占めていたにもかかわらず、いきなり支配イデオロギーを作り出そうという発想そのものに無理があったというべきである。もっともそれに気づかなかったのは福羽らだけで、岩倉や大久保は十分に認識していたように思われる。彼らは徹底したマキャベリストであり、まだ二〇歳にも満たない明治天皇を「神」にすべく、あくまで大国隆正流の復古神道を一時的に利用しただけであった。

神道国教化運動の挫折を見届けると、政府は復古的な神道イデオロギーを前面に押し出す戦略そのものを方向転換し、神祇省に代わって教部省を設置して、仏教勢力を取り込んだ「国民教化運動」に新たに乗り出すことになる。そしてこの教部省から、一八七二年に西日本の教化運動を統括する「神道西部管長」に任命されたのが、第八〇代の出雲国造の千家尊福であった。

尊福は同年、太政官布告で官幣大社に定められた出雲大社を、アマテラスを祀る伊勢神宮と同格にするよう教部省に対して要求し、こう述べている。

(出雲)大神幽冥ノ大権ヲ執テ此国ニ祝祭スル神霊及(ヒ)幽界ニ帰向スル人魂ヲ統括シ玉フハ、天皇ノ顕界ノ政柄ヲ執テ億兆ヲ統(御)シ玉フニ異ナラズ。(中略)如此《かくのごとく》幽冥ノ大権ヲ執玉フ上ハ、神霊人魂悉《ことごと》ク大神ノ統治シ玉フ所ナレバ、諸神社ノ総宰モ亦出雲大社ナルベキ事、更ニ贅論スルヲ待タズ。[18]

ここには当時、次々に顕幽論に関する著作を刊行していた矢野玄道からの思想的影響が見られる。篤胤から是香、玄道へと流れてきたオオクニヌシを幽冥主宰神とする、復古神道の本質にこだわる思想が、はっきりと継承されていることがわかる。前述のように明治維新直後には、アマテラスや造化三神を「幽」の主宰神とする、篤胤から分かれた二つの思想が新政府によって相次いで採用されたために、このような思想は陰に隠れた格好になっていたが、けっして断絶はしていなかったのである。

しかし、伊勢神宮を頂点に全国の神社を管理下におくことを目指していた教部省にとって、千家尊福の主張は到底認めることのできないものであった。教部省の教化機関である大教院では、薩摩派に譲歩する形で祭神を造化三神とアマテラスとしたが、オオクニヌシの合祀は度外視されていた。尊福を中心とする「出雲派」は、オオクニヌシを合祀するように働きかけるが、津和野派や薩摩派とは異なり、彼らには有力な政治家がバックにいなかった。だが、神道主導の体制に不満な真宗四派（真宗西派、真宗東派、真宗高田派、真宗本願寺派）が七五年に大教院を離脱することで大教院そのものが解散に追い込まれ、教部省が神道、仏教それぞれの管長に対して、「信教の自由」を保障する旨の口達を出したことから、これ以降、政治権力とは一応切り離された次元で、神道に関する自由な論争が展開できるようになった。

大教院が廃止されると、国民教化のための半公的な中央機関として、同年に神道事務局が設立された。神道事務局は、「(伊勢) 神宮ヲ以テ神道ノ根本」(19)とする考え方のもとに、祭神を相変わらず造化三神とアマテラスとしたが、尊福は従来の主張を変えず、オオクニヌシをを合祀するように要求し続けた。これに対しては、田中頼庸《たなかよりつね》（一八三六～九七年）や浦田長民《うらたながたみ》（一八四〇～九三年）ら、津和野派や薩摩派の流れをくむ伊勢神宮の神官が反対する。彼らは尊福らの出雲派に対して、「伊勢派」と呼ばれた。

大教院、そして神道事務局の祭神にオオクニヌシを合祀すべきか否かをめぐって起こったこの論争は、やがて全国の神官を出雲派と伊勢派に二分する「祭神論争」へと発展していった。当時、天皇の存在を知らしめるべく、政府による明治天皇の地方巡幸が繰り返されていたが、その地域は主に京都以東の東日本に偏っていた上、天皇自身がアマテラスについて説教したわけではなかった。これに対して千家尊福は、それまでの出雲国造に課されていた「戒律」を撤廃して移動の自由を確立し、天皇の巡幸のなかった山陰や四国などの西日本を積極的に巡教して、オオクニヌシの神徳をこう説いた。

斯土に生ずる万物は、素より大国主大神の経営の国土に生ずる者にして、縦《たと》ひ天日の煦照《くしょう》を受るも土地を離るゝ時は生化すべからざるを弁ふべし。（中略）然れば此土に生を禀《う》る者は、大地官《おほとこのつかさ》とます大国主大神の恩顧に因るにあらざれば天神の高徳をも蒙る能はざる所以を明かにして、天神を敬崇するにも、先《まず》地恩の切なるを感銘欽謝すべし。(20)

西日本では、出雲国造はまさに「生き神」として迎えられ、天皇や東西本願寺の法主と並び立つほどのカリスマ性を保っていた。その出雲国造が、皇祖神アマテラスよりも、幽冥主宰神であるオオクニヌシをまず第一に崇敬すべきことを明確に主張したのである。何も語らなかった天皇とは異なり、尊福の巡教が出雲派の支持者を増やす役割を果たしていったことは、想像に難くない。

伊勢派から見れば、尊福の主張は「天皇ノ霊魂ト雖モ大国主神ノ賞罰ヲ受給フトカ云リトノ巷説」をあおる不穏なものであり、「吾国体ヲ乱ル者」にほかならなかった。(21)しかし全国的にいって、平田篤胤の影響を強く受け、あくまで『古史伝』を「教典」と見なす神官が多数存在しているかぎり、出雲派の有利は動かなかった。祭神論争がピークに達した一八八〇年に、伊勢派がいかに苦境に立たされていたかは、同派を代表して芳村正秉《よしむらまさもち》（一八三九〜一九一五年）らが当時、内務卿であった松方正義に対して、次のような文章を含んだ上申書を提出していたことからうかがえる。

尊福一誣説ノ為ニ、従来信認スル天下公共ノ神理ヲ変ジ、自カラ欺キ数百方〔万〕ノ信徒ヲ欺キ、又従テ天神ヲ欺キ、何ノ面皮ヲ以テ宇宙ニ立ンヤ。加之《しかのみなら》ズ信徒ヨリ幽冥主宰ノ神如何様ノ論之レ有ルトモ、銘々従来聞得テ信認スル処ハ神明ニ誓テ違ハズト日々迫激セラレ、人民ニ実際ノ教導ヲ為ス者ハ実ニ進退維谷《しんたいこれきはまる》ノ秋ナリ。甲是乙非ト論議ヲ為シ、徒ラニ貴重ノ日月ヲ玩愒《ガンカイ》スル時ハ、各地ノ同職無舵ノ船ニ乗ジ大洋ニ浮ガ如ク、各自数年導ク所ノ教徒モ亦望洋ノ嘆ヲ抱クベク、従テ我ガ神教遂ニ墜地ニ至ル可シ(22)。

「尊福一誣説」のために「我ガ神教遂ニ墜地ニ至ル可シ」——。この切迫した危機感の濃厚に漂う文章は、従来伊勢派に加担していた神官の中にも、精神的な動揺が相当な範囲で広がっていたことを如実に示している。

祭神論争でこのまま出雲派が勝っていたら、伊勢神宮を頂点におく教部省以来の神社行政そのものが根本的に否定されるばかりか、出雲大社はバチカンのようになり、政治的権力と宗教的権威が分離され、二重のアイデンティティが形成されていたかもしれない。あるいは、「東」の天皇と「西」の出雲国造が並び立ち、東西日本に二つの〈中心〉ができていた可能性もある。

この時点で出雲派を論破すべく、伊勢派に残された手段は、ただ一つしかないように見えた。すなわち、「顕」と「幽」という言葉が『古事記』や『日本書紀』本書にないことを理由に、それに固執する従来の議論をまるごと「本居平田両家の作俑(23)」「一家の考説(24)」として斥けるという手段である。

それは、『古事記伝』十四之巻以来、国学者や神道家の間で一貫して共通の前提となってきた顕幽論そのものが、本来は記紀神話の中の「例外(25)」に属していることの発見を意味するはずであった。

しかし実際には、祭神論争は当事者どうしではなく、政府によって決着が図られた。伊勢派は、出雲派よりも政府に近い自らの立場を利用して、「信教の自由」を無効にする非常手段の発動により、一気に出雲派の勢力を封じようとしたのである。八一年に出された天皇の勅裁により、事実上出雲派は敗北する。〈伊勢〉による〈出雲〉の抹殺であった。

出雲派の敗北は、顕幽論そのものが政府により公式に否認されたことを意味していた。神道は宗教性を失い、国家と癒着してゆく。戦後に流布した言葉を借りれば、「国家神道」が確立されるのである。千家尊福を中心とする勢力は「出雲大社教」として、神道事務局から別派独立し、民間の一宗教団体へと転落していった。「幽冥主宰神」であったはずのオオクニヌシは、靖国神社の祭神と同じ「護国の神」へと変質を余儀なくされた。

こうして明治中期になると、天皇（東京）を中心とする一元的なアイデンティティが確かなものになった。出雲国造ばかりか、明治初期にやはり積極的に全国を巡教していた東西本願寺の法主も対抗カリスマとしての権威を失い、明治天皇の絶対的権威が確立されてゆく。その裏では国家神道を補完するものとして、靖国神社が出雲大社にとって代わる位置を占めてゆくのである。

第四節　「幽」の継承――大本教団の思想的意義

だが明治中期以降にも、国学や復古神道の系譜の延長線上にありながら、もう一つのアイデンティティを模索する思想の流れがなかったわけではない。一八九二年に京都府綾部で出口なお（一八三六

〜一九一八年）が開教した大本教団こそは、その具体的事例に当たる。

この教団に入った上田喜三郎、後の出口王仁三郎は、なおの養子となって一九〇四年に『道《みち》の栞《しおり》』を著した。平田篤胤からの思想的影響が濃厚に見られるこの著作で、王仁三郎は政府によって抹殺されたオオクニヌシではなく、高天原から追放されて出雲で在地の女性と結婚し、オオクニヌシを子孫に残したスサノヲに着目し、こう述べている。

速素盞鳴尊は、表面から拝みまつるときは、まことに猛々しく荒々しく見えたまえども、その御心のなかこそ、おとなしく、やさしく女のごとくましませるなり。常に苦しみに耐えしのびかねて、泣きさけびたまえることを伺いまつりても、女の御霊にましませることを知り得らるべし。(26)

スサノヲは表面は男性だが、実は女性的である、つまり「変性女子《へんじょうにょし》」である。さらには、「許々多久の罪を御身一人に引き受けて、御涙や血潮をもって贖いくだされた」(27)「瑞《みず》の御霊《みたま》」でもある。これに対してアマテラス（天照大御神）は、「表面はこの上なく優しくうるわしくみえつれども、御心の底ぞ健くけわしくましま す」(28)「厳《いず》の御霊《みたま》」であり、表面は女性だが、実は男性的な「変性男子《へんじょうなんし》」であるとされる。記紀神話にある高天原での「誓約《うけい》」でスサノヲが勝ったのも、アマテラスよりもスサノヲの性格の方が優れていたことを証明しているというのが王仁三郎の解釈である。ここにはすでに、アマテラスにスサノヲを対置させるだけでなく、前者よりも後者の方を重視する王仁三郎独自の視点が、はっきりと示されている。

それだけではない。王仁三郎はこの時点で、自らをスサノヲに重ね合わせていた。『道の栞』に記されたアマテラスの姿は、出口なおに重なるばかりか、女性であるアマテラスの子孫であることが憲法にも明記されていながら、男性であり、日露戦争を遂行しようとしていた大元帥・明治天皇にも当てはまる。王仁三郎は、それまでの復古神道にはなかったジェンダーという視点から、近代天皇制を相対化したのである。

前述のように『道の栞』には、スサノヲを贖罪神と見なす考え方が現れていたが、まだ「幽」に当たる概念はなかった。大正期になると、大本教団は「皇道大本」として発展し、大量に知識人や軍人が入信するようになる。浅野和三郎（一八七四～一九三七年）、友清歓真《ともきよよしさね》（一八八八～一九五二年）、谷口正治《まさはる》（一八九三～一九八五年）といった人々は、一時期は王仁三郎よりも実権を握り、出口なおの筆先に書かれた「神」をアマテラスと読み替え、「立替え立直し」を天皇による世界統一と解釈して、その機会が近い将来に訪れることを主張し続けた。大正維新と呼ばれたこの運動は、一九一八年になおが死去して筆先が書かれなくなったのに続いて、二一年二月に「第一次大本事件」が起こり、幹部が一斉に検挙されることで挫折し、終焉した。

しかしそれは同時に、王仁三郎の指導権が名実ともにようやく確立されることを意味していた。彼は同年一〇月から、瑞月《ずいげつ》というペンネームを使って、大本教団の新しい教典となる『霊界物語』の口述を始める。全部で八一巻に及ぶこの物語の具体的内容については言及を避けるが、そこでは復古神道の顕幽論を取り入れながら、幽冥界が「霊界」と表現されている。霊界は魂が一時的に送られる「中有界《ちゅううかい》」と天国（高天原）、地獄（根底の国）からなる。「現界」で生きる人の霊魂は、中有界にいったん送られてその行いが逐一調べ上げられ、それらをスサノヲが総合的に判断して、善人とされた場合には天国へ、悪人とされた場合には地獄へとさらに送られる。

王仁三郎は『霊界物語』四七巻の中で、スサノヲの支配につき、次のように述べている。

瑞の御霊の大神〔スサノヲ〕は大国常立大神《おおくにとこたちのおおかみ》を初め日の大神〔アマテラス〕、月の大神〔ツクヨミ。アマテラス、スサノヲとともに生まれた神〕其外一切の神権を一身にあつめて宇宙に神臨したまふのである。此大神は天上を統臨したまふと共に、中有界、現界、地獄をも統御したまふは当然の理である事を思はねばならぬ。(29)

スサノヲは「天上」「中有界」「地獄」を含めた霊界だけでなく、現界の支配者でもある。つまり、かつてのオオクニヌシと天皇の双方の役割を兼ねている。スサノヲを意味する「瑞の御霊の大神」とは、前述の『道の栞』で、王仁三郎が「厳の御霊」であるアマテラスに対比して用いた造語であった。王仁三郎は、『道の栞』以来のジェンダー論に顕幽論を加えることで、二重の意味で近代天皇制を相対化したのである。

このような著作が、大正後期に次々と刊行されていったことに注目する必要がある。この時期は世界史的に見ても君主政治が相次いで崩壊し、国内ではデモクラシーを求める運動が高揚したのに加えて、大正天皇の病気がしだいに進むなど、近代天皇制の危機の時代に当たっていた。なお大正天皇は、幼少期に病弱であったことを心配した皇后〔後の昭憲皇太后〕が、出雲大社から分霊を取り寄せて以来、アマテラスではなく、オオクニヌシを守護霊としていた。祭神論争の末に政府が抹殺したはずの出雲の神が、何と「護国の神」となって天皇を守っていたのである。大正天皇の悲劇的な生涯を思うとき、この知られざる事実はあまりに暗示的といってよい。(30)

二一年一一月には、宮内大臣の牧野伸顕によって大正天皇が「引退」を余儀なくされ、裕仁皇太子が摂政となっている。『霊界物語』の口述は、天皇が姿を消した時代に、明治中期に確立されていた天皇を中心とする一元的なアイデンティティを切り崩し、再びもう一つのアイデンティティを作ろうとする思想的営みと解釈することができる。

しかしそれはもちろん、既存の制度への挑戦を意味するわけではなく、伊勢神宮を頂点とする国家神道の枠組みそのものは崩れなかった。二六年一二月の大正天皇の死去に伴う昭和への改元は、再び明治のような「強い」天皇が登場してくることを意味した。二八年一一月には京都で即位大礼が行われたが、そこでの「紫宸殿《ししんでん》の儀」を報道する新聞には、次のような記事が見える。

> 折から場外建礼、建春両御門外儀仗の陸海軍隊音楽隊は嚠々《りょうりょう》「君が代」を吹奏し同時に市民の高唱する「万歳」の声は轟《とどろ》く波音の如く場内に響いて来る、今や八千万の国民八洲《やしま》の民草は此処紫宸殿高御座《たかみくら》を遙拝しつゝ「陛下万歳」を高唱してゐるのである。轟く百一発の皇礼砲、汽笛、撞き鳴らす梵鐘――全日本はこの日午後三時、日本人のみが知る最大の歓喜に揺り動いたのである。(31)

天皇が勅語を発し、田中義一首相が天皇に向かって一一月一〇日の午後三時に、植民地を含む全国各地でいっせいに天皇のいる方角に向かって万歳を叫ぶ光景が見られたわけである。この瞬間に、「八千万の国民八洲の民草」が天皇と一体になった。「日本人のみが知る最大の歓喜」という言葉からは、単に「万世一系」の天皇が支配しているだけでなく、天皇が「国民」と一体であることに日本のアイデンティティがあるという考え方がうかがえる。

これ以外にも、昭和初期には東京の宮城（現・皇居）前広場や大阪の城東練兵場をはじめ、天皇が訪問した地方の主要都市を舞台に、親閲式や紀元二千六百年記念式典（四〇年）、戦勝第一次祝賀式（四二年）などの、天皇を主体とする大規模な国家儀礼がしばしば行われた。そこでは時に、狭義の政治から疎外されていた学生や女性などを含めて、十万を超える人々が動員され、日の丸や君が代、万歳や分列式などを媒介として、天皇と一心同体になる光景が見られた。その一体感は、言葉や理性を媒介とせず、身体ごと体験し、記憶に深く刻み込まれるがゆえに、戦後になっても「間違っていた」と認めるのが難しいものであった。(32) 人々は、天皇を観念的にとらえていたわけではなく、実際に見ながら「神」として認識していたのであり、ナショナル・アイデンティティが視覚的に示されていたことに注意する必要がある。

このような大正から昭和への移り変わりが、出口王仁三郎率いる大本教団にとって不利に作用したことは想像に難くない。王仁三郎は三四年に「昭和神聖会」という政治団体を作るなど、表面上は国家との妥協を模索していたが、その翌年には「第二次大本事件」が起こり、大本教団は「国体変革」を企てているとして、前回よりもはるかに徹底した弾圧を受けることになる。一八八一年の勅裁に次ぐ、二度目の〈伊勢〉による〈出雲〉の抹殺である。昭和初期にじわじわと広がった「顕」における天皇の祭祀空間によって、「霊界」と名を変えた「幽」が追放されたと言い換えることもできよう。

三七年に文部省が編纂した『国体の本義』では、オオクニヌシの国譲りは次のように触れられたにすぎない。

古事記・日本書紀によれば、皇孫が豊葦原の瑞穂の国に降り給ふに先立つて、鹿島、香取の二神〔タケミナカタとフツヌシ〕を出雲に遣され、大国主神に神勅を伝へられたのに対し、大国主神はその御子事代主神と共に、直ちに勅命を奉じて恭順し、国土を奉献し、政事より遠ざかれた。(33)

第五節　おわりに――天皇制に関する若干の考察

戦後になり、昭和天皇が「人間宣言」を行い、制度としての国家神道は解体された。政教分離によって、全国のほとんどの神社を統括する神社本庁はただの一宗教法人になるとともに、明治初期の出雲派や大正、昭和初期の大本教団のような、政府の神道に対抗する思想も力を失った。一八世紀後半に国学が台頭して以来の、長かった「神道の時代」が終わったのである。唯一の例外は、スサノヲやオオクニヌシになおも固執しながら、神道宗教化を唱えた折口信夫（一八八七～一九五三年）であった。

昭和から平成への移り変わりは、「現人神」とされた天皇が死去し、憲法の順守を公言する天皇が即位することで、天皇をナショナル・アイデンティティの中心におく思想自体を衰退させたかに見えた。平成に入っても、天皇は依然としてさまざまな地方行幸を行うが、もはや専用の御召列車はほとんど使用されなくなっている。天皇の行幸が、大きなニュースになることもなくなった。「新しい歴史教科書を作る会」をはじめとする最近のナショナリズムの動きでも、天皇の問題はあまり大きな関心になっていいない。

だが、天皇は依然として、東京の皇居に住んでいる。昭和初期に天皇と万単位の「臣民」が相対して、大規模な国家儀礼が行われた皇居前広場も、依然としてそこにある。天皇が在位し、皇居前広場という巨大な政治空間が存在し続けるかぎり、昭和初期のような光景がいつでも再現できることを如実に示したのが、一九九九年一一月に行われた天皇在位十年記念式典であった。

この式典には約二万五千人の人々が集まり、「奉祝曲」の演奏や君が代の斉唱が組み込まれるなど、内容自体が紀元二千六百年記念式典のときとよく似ていたが、夕方に行われた上、天皇と皇后の姿は広場から離れた二重橋にあって、肉眼で直接見ることはできないという重要な違いがあった。[34]このことは、昭和初期のように国家神道がなくても、「現人神」としての天皇が身体をさらし、人々が天皇との一体感を味わわなくても、ただ天皇と名のつく人間がいさえすれば、当時の光景が再現できることを意味している。もはやイデオロギーも必要とせず、天皇個人の資質にも左右されなくなったわけで、天皇制は廃止されるどころか、最も安定した時代に入ったといえるのかもしれない。

さらに昨年の森喜朗首相の「神の国」発言は、天皇をナショナル・アイデンティティの中心に見なす考え方が、なおも政府の中枢において健在であることを図らずも示した。「幽」なき二一世紀に、このような考え方に対抗して、ナショナル・アイデンティティそのものを相対化する思想をいま一度築くことはできるだろうか。

註

（1）是香の生年に関しては、一七九八（寛政一〇）年とする説と一八〇六（文化三）年とする説があるが、ここでは前者を採用した。

(2)『顕幽順考論』二之巻（中島博光、大宮兵馬編『神道叢書』第三巻、神宮教院、一八九六年所収）二五頁。
(3) 同、四之巻、四九～五〇頁。
(4)『本居宣長全集』第九巻（筑摩書房、一九六八年）五六頁。
(5) 前掲『顕幽順考論』一之巻、一頁。
(6) 三輪和平「六人部是香の幽冥観に関する一考察」（『神道史研究』第三九巻第二号、一九九一年所収）五五～七三頁。
(7) 本稿は、原武史『〈出雲〉という思想』（公人社、一九九六年。講談社学術文庫、二〇〇一年改訂版刊行予定）をもとに、NIRA研究会のテーマに沿う形で、新たに書き下ろしたものである。
(8) 坂本太郎他校注『日本書紀』一（岩波文庫、一九九四年）一三六～一三八頁。
(9)『本居宣長全集』第十巻（筑摩書房、一九六八年）一二〇頁。
(10) 同、第八巻（同）三二一頁。
(11)『平田篤胤全集』第二巻（一致堂、一九一一年）五五～五六頁。
(12)『新修　平田篤胤全集』第三巻（名著出版、一九七七年）一七七～一七八頁。
(13)『大国隆正全集』第五巻（有光社、一九三七年）三二〇頁。
(14) 同、三四二頁。
(15) 同、第二巻（同）一六九頁。
(16)『日本思想大系五一・国学運動の思想』（岩波書店、一九七一年）五四八頁。
(17)「明治四年神文大外ノ四省ノ要件アリ」（国立国会図書館憲政資料室所蔵「大木喬任文書」に所収）。
(18) 藤井貞文『明治国学発生史の研究』（吉川弘文館、一九七七年）九頁。
(19) 同、二〇頁。

(20)　千家尊福『神道要章』(無窮会図書館所蔵) 第五章。
(21)　落合直亮『神道要章弁』(同)。丁や頁の印刷はない。
(22)　芳村正秉、落合正澄ほか「神道祭神論両造当庭聴訟場御開設之儀上申」(内閣文庫所蔵『岩倉具視関係文書』所収)。
(23)　佐々木瑞城「四柱大神殿へ大国主神ヲ表名合祀スルハ不可ナル説」(『開知新聞』四一九号所収) 一〇五頁。
(24)　神浦長鯢「開知新聞第四百十号ニ北総人枕香漁翁ト云人ノ常世氏ガ大国主神ノ事ヲ事務局ノ下問ニ答タルヲ弁ジタル僻言ニ答フ (続)」(『開知新聞』四二五号所収) 一〇二頁。
(25)　この「例外」という言葉は、『日本書紀』一書の「国譲り」に関する津田左右吉『日本古典の研究』の次の解釈によっている。「これもまた神代史の述作の最初から存在してゐたものではなく、国ゆずりの意味を一層荘重にすると共に、イヅモの勢力を宗教的に強め、キヅキの神〔オオクニヌシ〕を天孫と対等の地位に置くために、後になつてイヅモ人の附加したものであり、そこにはイヅモの国造の権威を立てようといふ意図さへも、含まれてゐるやうである。(中略) だからこれは、国ゆづりの物語の本来の意味を伝へたものではない」(『津田左右吉全集』第一巻、岩波書店、一九六三年所収、四九一～五〇六頁)。
(26)　出口王仁三郎『道の栞』(天声社、一九八五年) 一五三～一五四頁。
(27)　同、一四四頁。
(28)　同、一五六頁。
(29)　出口瑞月『霊界物語』第四七巻 (天声社、一九二四年) 一六六頁。
(30)　大正天皇の生涯につき、詳しくは原武史『大正天皇』(朝日選書、二〇〇〇年) を参照。
(31)　『東京朝日新聞』一九二八年一一月一一日夕刊。
(32)　筆者は、このような日の丸や君が代などを媒介とする政治を、儒教で言葉によらない理想の政治とされる「礼楽」に相当するものとして分析したことがある。原武史「〈礼楽〉としての『日の丸・君が代』」（『世界』第六六二号、一九九九年所収）を参照。戦後巡幸でなぜ人々が熱狂的に天皇を迎えたのかという疑問も、ここから解けてくるというのが私見である。

（33）『国体の本義』（文部省、一九三七年）六五頁。

（34）この式典に関しては、原武史「天皇在位十年の式典を見て」（『朝日新聞』一九九九年一一月一六日夕刊）を参照。

第二章　世界文化遺産と日本の文化財保護史

——御物と陵墓の非国際性

高木　博志

はじめに

世界文化遺産とは、一九七二年に国際連合教育科学文化機関（United Nations Educational, Scientific and Cultural Organization）の第一七回パリ総会において、締結された「世界の文化遺産及び自然遺産の保護に関する条約（Convention Concerning the Protection of the World Cultural and Natural Heritage）」に定められたものである。

「顕著な普遍的価値（outstanding universal value）を有する文化遺産及び自然遺産の保護に参加することが、国際社会全体の任務」であり、「人類全体のための世界の遺産の一部として保存」しなければならないとされた。文化遺産としては、記念工作物、建造物群、遺跡のカテゴリーがあげられた。

二〇〇〇年五月現在で、世界遺産総数六三〇件、文化遺産四八〇件、自然遺産一二八件が登録されている。

日本は条約には一九九二年に加入し、九三年法隆寺地域の仏教建造物群と姫路城、九四年古都京都の文化財、九五年白川郷と五箇山の合掌造り集落、九六年原爆ドームと厳島神社、九八年古都奈良の文化財、九九年日光社寺、二〇〇〇年には沖縄の「琉球王国のグスク及び関連遺産群」が登録された［奈良大学世界遺産を考える会編］。

さて一九九八年一二月二日、正倉院正倉の「古都奈良の文化財」としての世界遺産登録は、明治維新以来の日本の文化財保護の歴史に画期を来す事件となった。九七年四月一八日に、皇室用財産としての正倉院正倉は、重要文化財から即日の国宝指定を経て、はじめて文化庁による世界遺産への登録が可能になった［鈴木嘉吉］。皇室の私的な性格の濃い皇室用財産では、世界遺産への登録はままならず、国内法である文化財保護法の最高ランクの国宝＝国民の財産であることを追加規定して、はじめて世界との普遍性・互換性を獲得しえたのである。天皇制への戦後改革において不十分な部分、戦前から連続する文化財の旧皇室財産の体系では、世界に通用しないことが明らかになったといえよう。

また一九九〇年秋の東京国立博物館における「日本美術名宝展」から二〇〇〇年春の「皇室の名宝展」に至る展示においても、旧皇室財産系文化財のあり方の変化を予兆させる。昭和天皇の遺産相続により国有財産となった「旧御物」、正倉院御物、旧法隆寺献納宝物、そして聖徳太子像・桂宮家本万葉集・太刀など現在の御物といったように、旧皇室財産系の文化財が大規模に公開された。これは昭和から平成の皇室へと移るなかで、天皇制の文化的機能が増大し、「秘匿された文化財」の開放化を示すものであろう。

さて一九九八年に正倉院正倉が世界遺産に登録されるには、その前段階として、九四年の古都京都における旧皇室財産系の文化財——京都御苑・桂離宮・修学院離宮、の世界遺産への未登録問題があった。いわば京都盆地を空から見たとき、教王護国寺・比叡山延暦寺・賀茂社・鹿苑寺・清水寺といった古社寺が世界遺産になっているのに、旧皇室財産系の文化財が虫食い状態となったわけである。実際、九四年に「古都京都の文化財」に京都御苑が世界遺産登録されなかったことについて、坪井清足・元奈良国立文化財研究所所長は「海外から批判を受けた」事実を指摘する（『読売新聞』一九九七年四月一九日）。賀茂社・清水寺が世界遺産で、どうして京都御苑や桂離宮・修学院離宮は世界遺産ではないのか？　そしてその反省が、九八年一二月には奈良において東大寺・春日大社・興福寺・春日山原始林・平城宮跡と、景観として一体となった正倉院正倉を、一括して世界遺産に登録することを用意した一因といえよう。

このことを裏づけるように、西川杏太郎・文化財保護審議会会長のコメントでも、外国から見れば、正倉院が重要文化財に指定されないとすればそれは疑問視されるとし、また「学術的な価値付け」の必要性を説いている（『朝日新聞』同日付）。坪井清足は、正倉院正倉の登録という「宮内庁が開放的な姿勢を見せたことで、国民常識に照らして納得の行く結果が得られた」と意義づける（『読売新聞』同日付）。

もっとも宮内庁サイドは、あくまで正倉院正倉は特例とする。渡辺今朝年・宮内庁調査企画室長は、「皇室用財産に二重の担保」、すなわち文化財保護法はいらないとの姿勢を堅持し、「正倉院と東大寺は一連の建造物であり、京都のケースとは違う。世界遺産から『歯』が抜けてしまうのを防ぐためにはやむなしと判断した」との見解である（同）。その一方で、「正倉院を伏線として、将来は天皇陵も論議の対象になるだろう」との宮内庁内の声もある（『朝日新聞』同日付）。

いわば明治期以来の日本の文化財のあり方が、一九九八年にユネスコの世界遺産登録という「黒船」によって変化を余儀なくされつつあるといえよう。

ここで「文化財」の語について議論の前提として説明しておきたい。日本の「文化財」という言葉は、一九五〇年の文化財保護法で一般化する。実際、明治期には古器物・宝物・什宝といった言葉が、今日の文化財の語にあたるものとして用いられた。最近、鈴木良は一九三七年の南京事件の図書略奪の際に中国の壮大な「文物」概念に日本が対抗してできた言葉という説をたて、塚本学はドイツ語のKulturGüterが文化財の原語として知識人にある程度普及していたとみるが、どちらにしても日本ファシズム下の政治・文化状況の中で「文化財」の語が誕生したことが通説となりつつある(1)。山本有三がcultural propertiesを日本語に訳したという、戦後改革のなかで、アメリカのデモクラシーと重ねるバラ色の「文化財」生成の物語は、虚像なのである。

さらに日本の文化財保護法の「文化財」の定義は、空間的には「国境の中に限定された場所でつくられたもののみ」を保護する性格が強い。一方、フランスでは「文化的に価値あるものは、つくられた場所に関係なく」保護すべきとの理念があるという〔河野〕。

第二節　開かれた文化財の歴史

日本の文化財は、公共性のある史蹟や博物館に収められた美術・国宝などの「開かれた文化財」の体系と、秘匿することによって神秘性・権威が増す、正倉院御物・天皇陵などの皇室財産の体系の、二つの体系があった［高木一九九七］。この二つの体系は、一八八〇年代に形成される。いわば社寺において常時拝観できる仏像と、年に一度開扉される秘仏との関係に似ている。あるいは天皇就任儀礼の、壮麗に国民に見せて統合に利用される即位式と、「秘儀」としての大嘗祭との関係ともいえよう。

近代の文化財保護の歴史は、明治四年（一八七一）五月の「古器旧物保存方」布告にはじまる。「廃旧競新候流弊ヨリ追々遺失毀壊ニ及ヒ候テハ実ニ可愛惜事ニ候」（『法令全書』）と、明治初年の廃仏毀釈と極端な文明開化状況への反省から、「古器旧物」の保存を訴える。この布告を受けて、翌明治五年には、壬申の宝物調査が行なわれる。博物館の町田久成・蜷川式胤、文部省の内田正雄らによって、約四ヵ月にわたる調査が行なわれたが、対象はいまだ正倉院ほか有力社寺の点と点をつなぐ調査にとどまった。

また「古器旧物保存方」が対象にしたのが、祭器、古玉宝石、石弩雷斧、古鏡古鈴、銅器、古瓦、武器、古書画、扁額、楽器、印章など三一品目にのぼったが、それらのジャンルは近世以来の物産会や書画会の価値を引き継いでいた。また壬申調査の記載も「一、金銅仏　四十八体」といった、簡単な分類と数量の把握であった（「明治五年、古器物目録」巻之四、歴資―一〇九〇―四一、東京国立博物館所蔵）。

この年、明治五年（一八七二）三月には湯島聖堂で文部省博物館の最初の博覧会が行われた。七三年三月からは博覧会事務局、七五年三月からは内務省、八一年四月からは農商務省へと博物館の管轄は変遷する。この間の所轄官庁からわかるように、この時期の文化財行政は殖産興業に従属したものであった。いいデザイン・意匠を、博物館・博覧会で学び、それを工芸美術に応用し外貨を獲得するという、第一義的課題があった。

一方、一八七七年（明治一〇）の明治天皇の京都・大和行幸を画期として、奈良や京都の古社寺の廃仏毀釈からの復興と皇室関連寺院への援助がはじまる。象徴的には、八二年に廃仏毀釈でいったん廃寺となり、僧侶は春日神社の「新神司」となった興福寺の復興がある。興福寺の復興は、明治期の華族、三条家であれ、二条家であれ、彼らの祖である藤原氏の氏寺の再興という政治的意図があった。また興福寺の寺域の塔頭の後を整備し、奈良公園が名勝として整備される。また畝傍・耳成・天香具山の大和三山が入会山などの民有地ではなく、官有地から皇室の財産へと編入され、万葉の景観がつくられてゆくのも八〇年代である。京都でも同じ時期に、東寺や延暦寺、泉涌寺といった皇室関連寺院に皇室より援助がなされ、円山公園が整備され、嵐山の保勝会が成立する。

この時期の社寺の保存法が、一八八〇年（明治一三）七月六日にだされた「社寺保存内規」（『公文録』二A—一—公二八七三）である。そのなかの「保存ヲ要スヘキ箇所」は七種である。

第一種　四百年以前創立之社寺
第二種　史乗中掲載ノ社寺ニシテ名区古跡ト称スヘキモノ
第三種　境内風致秀麗ニシテ国郡ノ美観勝地ト称スヘキ社寺
第四種　皇室御崇敬又ハ武門ノ帰依等ニヨリ若干ノ朱黒印地ヲ有セシ社寺ニシテ維新変革ノ後、維持ノ方法立チ難キモノ
第五種　神体仏像ノ有無ニ関セス記念等ノ為メ建設セシ碑石塔龕ノ類ニシテ神仏ニ縁由アル古物
第六種　陵墓其他賢相名将等ノ古墳其境内ニ属シタル社寺
第七種　勅願若シクハ王子宮嬪賢相名将等ノ発願ニ由リ執行セル式法年中行事中ニ伝来シタル社

寺

四百年以上前に創建の社寺、史書に載っている名区古跡、皇室由緒寺院、陵墓などである。一八八〇年代の「旧慣」保存、伝統文化の保護のなかででてきた古社寺保存の法規である。

さて文化財が殖産興業に従属するものではなく、美術として独自の価値づけがなされるには、欧米の美術・芸術理論を「日本美術」に応用したフェノロサの役割が大きい。一八八二年（明治一五）のフェノロサ「美術真説」において、美術とは「作為」であるという創造性に至高の価値をおく。ここに美術は、それぞれの時代の到達点をもって、常に変化するという認識が生まれる。ここに日本美術史の叙述も可能となる。

フェノロサ・岡倉天心らは、こうした新しい文化財観をもって明治一〇年代の後半に、奈良や京都に宝物調査にはいる。法隆寺夢殿救世観音像の発見もその文脈で位置づけられる。フェノロサや岡倉天心という突出した個性の役割もさることながら、歴史学の評価としては、彼らが一八八〇年代に、「旧慣」保存、「伝統」復興という時代の舞台上で活躍できたことを評価せねばならない。

さて「開かれた文化財」は一八八〇年代に、ヨーロッパとの互換性・普遍性を追求して整備され始めた。八九年三月頃の初発の帝室博物館構想である九鬼隆一の「提要」には、

一　本按ハ墺国帝立博物館、独逸帝立博物館（美術古物）、英吉利西帝国博物館、仏蘭西ナポレオン帝立ルーブル博物館等ノ組織ヲ参酌シ（後略）

一　博物館ノ事業ハ多ク専任ノ人物ヲ要セザルモ学術ノ複雑繁蕪ナルヲ制裁シ詳密ニ進歩ヲ謀ラ

ンガ為メ、兼勤少費ノ人物ヲ以テ数多ノ学者ヲ網羅セサル可ラサルハ、独逸帝立美術館、墺国帝立博物館、仏国美術館、英吉利帝国博物館等其他泰西各国大学校ノ慣習方法ニ同ジ故ニ無俸給或ハ兼勤手当等勉メテ多クノ学者ヲ網羅スルモ経費ノ僅少ナルコト他官庁ノ比ニアラズ（『東京国立博物館百年史』二五一頁、一九七三年、第一法規出版）

とある。ドイツ、オーストリア、イギリス、フランスといったヨーロッパの博物館・美術館の組織のあり方や、学者の関与の仕方が具体的に研究されている。また、「欧米各国ノ如ク私有物品保護預リヲ創メテ事業ヲ進歩セシメム」との一節からは、博物館における社寺からの寄託制度（今まで続く）を欧米から学んだことがうかがえる。

ヨーロッパの王室の芸術保護の参照という点では、フランスのアカデミーなどがモデルとなったと推測される、一八九〇年（明治二三）の帝室技芸員制度の発足も同様であろう［高階］。当初の「画工」に、森寛斎、橋本雅邦、田崎草雲、「金工」に加納夏雄などがいた。

フェノロサ、岡倉天心の明治一〇年代後半の社寺調査は、さらに一八八八年の臨時全国宝物調査をもって全国的・体系的なローラー調査へと飛躍する。同年に設置された臨時全国宝物取調局は宮内・文部・内務三省の合同事業であり、図書頭九鬼隆一が委員長であった。絵画・彫刻・美術工芸などの一点一点の文化財に対して、年代・作者・国家が決める美の等級・年代・ジャンルなどが確定された。史上はじめて国家が「文化財」の価値を定めた「鑑査等級」では、「最大至宝」に次いで、「一等」の「優等ニシテ歴史上ノ徴拠又ハ美術上、美術工芸上、若クハ建築上ノ摸範トシテ要用ナルモノ」から、「乙要品」の「歴史ノ参考ニ充ツヘキモノ」に至るまで一〇等級にわたった。一八九七年までに二一万五〇九一点の鑑査表が作成された。今日、東京国立博物館や京都国立博物館の常設展示は、絵画、彫刻、陶磁器、服飾、書、漆器、武器、書跡などの部屋からなり、部屋付きの学芸員が四季の展示替えをする。こうした部屋ごとのジャンルも、博物館発足時に成立するのである。

かくして文化財の体系だった整理と基礎台帳の上に、岡倉天心による、推古・天智・天平・平安といった時代区分とそれぞれの時代の精神を有する「日本美術史」の東京美術学校での講義（一八九〇年度から）がはじめて可能となる。

中国六朝の影響をうけ、はじめて大陸の美術を我がものとした「推古時代」、インド・ギリシャ風の美術が展開する「天智時代」、盛唐の影響をうけ奈良時代彫刻の理想主義的な美術の頂点を極める「天平時代」。平安時代前期の密教文化を経て、「弘仁時代」には優美で日本風な文化があらわれる。この平安後期の文化がのちには国風文化として、「優美」「雅」な平安文化言説を生んでゆき、天心は国際社会に日本固有な平安文化イメージを喧伝してゆく。一八九三年、シカゴ・コロンブス博覧会の日本パビリオンは、国風文化の象徴、宇治の平等院を模した「鳳凰殿」であった〔高木、近刊〕。

一八八八年に設置が決まる東京・京都・奈良の帝国博物館では、社寺から出品された仏像・仏画などは信仰の対象から美術の対象へとその価値を転換させてゆく（博物館は一九〇〇年には、帝室博物館となる）。そして一八九七年（明治三〇）六月五日の古社寺保存法で、国家が決める最高の美の等級として、国宝が定められる。

第四条　社寺ノ建造物及宝物類ニシテ特ニ歴史ノ証徴又ハ美術ノ模範トナルヘキモノハ古社寺保存会ニ諮詢シ、内務大臣ニ於テ特別保護建造物又ハ国宝ノ資格アルモノト定ムル（後略）

国宝は四等級に定められるが、この法規の眼目は、「歴史ノ証徴又ハ美術ノ模範トナルヘキ」文化財を所有する、古社寺への援助であった。古社寺保存法が近代的な「美術」的価値に裏づけられた、はじめての文化財保護法規であった。

古社寺保存法で救えなかった史蹟名勝については、一九一九年の史蹟名勝天然紀念物保存法で対象となる。吉野山・嵐山といった景観が、日露戦後のナショナリズムとかかわって、保護すべき対象となることは重要である。

古社寺保存法で、古社寺のレベルまでおりてきた公共性の網の目は、一九二九年三月二八日の国宝保存法で、個人所有の文化財までおりてくる。

第一条　建造物、宝物其ノ他ノ物件ニシテ特ニ歴史ノ証徴又ハ美術ノ模範ト為ルベキモノハ、主務大臣国宝保存会ニ諮問シ之ヲ国宝トシテ指定スルコトヲ得

第三条　国宝ハ之ヲ輸出又ハ移出スルコトヲ得ズ、但シ主務大臣ノ許可ヲ受ケタルトキハ此ノ限ニ在ラズ

「歴史ノ証徴又ハ美術ノ模範ト為ルベキモノ」という美の規範は、臨時全国宝物取調局以来のものである。個人および社寺が所有する国宝、そして史蹟・名勝と、戦前の文化財保護は、ここに到達点をみる。

第二節　秘匿される皇室財産の歴史

一方、秘匿される皇室財産は、立憲制とともに普通御料・世伝御料となるが、御物として固有の価値づけをおこないだすのは、一八七七年（明治一〇）の京都・大和行幸以降のことである。殖産興業と古器物の結びつきから転換し、はじめて天皇制が古器物に結びつきはじめる。七七年以降が御物のはじまりであるとの認識は、のちに一九三〇年の御物調査委員会規程を宮内省内部で整備しはじめるときの認識でもある。

一八七五年（明治八）の奈良博覧会では、東大寺の什宝であった正倉院宝物を、東大寺大仏殿で一七万を超える観衆が、むしろ「人目ヲ驚し智識ヲ開カシム」（『大和国高瀬道常年代記』清文堂史料叢書）るものとして享受していた。そして七八年には法隆寺から皇室への三二二点の献納宝物に対して一万円が下賜された。

一八八二年中には伊藤博文により正倉院の「御倉内ノ架棚陳列」が整頓され、正倉院御物は、陳列ケースを通じて一部の高官・貴賓など限られた人にしか拝観できなくなる（東京国立博物館資料部所蔵、館資一〇八〇）。このあと一八八四年の伊藤博文宮内大臣時代に、正倉院御物は宮内省の管轄となり秘匿化されてゆく。

ここで日本の皇室財産の特質を考えてみる。江戸時代の朝廷の石高は、禁裏御料・仙洞御料・公家領などをあわせても畿内を中心に一〇万石をこえるぐらいであった。近世では小領主にすぎない貧しさであった。ヨーロッパの王室と日本の皇室との違いで言えば、たとえばオーストリアのウィーン美術史美術館やロシアのエルミタージュ美術館のように、一九世紀に日本が模範としたようなヨーロッパ王室の文化財は、一九世紀の後半に、王室の私的なコレクションのあり方から公開性・公共性のある博物館による国民統合の機能を担うあり方へ変化した、というのが道筋であった。それに対し、日本の場合、皇室財産のほとんどが——木曽の御料林であれ、正倉院御物、法隆寺献納宝物、桂宮家伝来品であれ、近代に集積したものであった。

そうしたなかで、伊藤が一八八七〜八八年ごろに起草した「御料地選定ニ関スル議」（『秘書類纂・帝室制度資料』上巻）では、欧州君主制との普遍性（互換性）を念頭において、皇室と文化財保護（ここでは名勝地に限る）を結びつける議論を展開している。

凡ソ君主国ノ国民ヲシテ忠君愛国ノ念ヲ起サシムルモノ其国ノ歴史ニ如クモノハナシ。何トナレバ一国ノ歴史ハ国民ヲシテ啻ニ古今変遷ノ情態ヲ知ラシムルノミナラズ、依テ以テ治乱興敗ノ由来スル所ヲ審ニ察スルトキハ、国体ノ在ル所、国是ノ存スル所、勢ヒ忠君愛国ノ念ヲ起サシムルハ自然ノ道理ナレバナリ（中略）況ンヤ古聖帝王ノ龍躅《ちょく》ノ地、若クハ蒙塵ノ場所タルニ於テ抑モ亦王家ノ歴史ト共ニ保存スルノ必要アルヲヤ。是レヲ外国ノ例ニ問ハンニ、欧洲諸国殊ニ君主国ニ在テ到ル所ニ是等旧跡故地ノ保存セラレザルハナシ。（中略）今日ノ急務ヨリ之ヲ論ズレバ以上述ベタル如ク先ヅ古聖帝王ノ霊場旧跡ニ属スル部分ヲ御料ニ加ヘラレ、内ハ以テ上皇子王孫ノ時ニ此場ヲ経過セラレタルトキ、古聖帝王ノ往昔ヲ回顧セラレ、又下国民ノ拝観ヲ許サレテ忠君愛国ノ念ヲ起サシメ、外ハ以テ外人ノ巡覧ヲ望ム者ハ王家ノ歴史ト共ニ旧跡保存ノ主意ヲ示サ

レンコトヲ希望ニ堪へザルナリ。（傍線筆者）

歴代天皇や天皇家と関わりの深い地を御料として保存することは、欧州君主制も行なうところで、国際社会でも普遍的であり、国民に対しては忠君愛国の念を起こす機能を果たすと論じる。

このほか文化財とかかわる皇室財産（皇室が直接所要する第一類御料地）でいえば、京都御所には一八七七年（明治一〇）から一一年間、毎年四〇〇〇円の内帑金が支出される方針となった。同年二月、宮内省は「戊辰御東幸之後僅ニ八九年之間、既ニ廃堕之状ニ至リ、九門以内モ稍荒蕪ニ赴候形況、今般親ク叡覧被遊深ク御嘆惜被為在」と、明治天皇の京都御所保存の意志を京都府に伝える（『京都御所保存関係書類』一、明函一九四号、宮内庁書陵部所蔵）。

京都御所のなかの御殿の一部と仙洞御所の庭を会場として、明治六年に博覧会が行われる。来館者は、本会場で、四〇万六〇〇〇人、禽獣会で二九万八〇〇〇人、うち外国人は六三〇人にのぼった。京都御苑内の、土地の買い上げ、土塁築造、門の移設、道路設置、植樹といった事業は一八七八年から八〇年までの三年間に、京都府大内保存掛が主体となって行われる。

こうした京都御苑整備には、「一時荒廃之形ニ相成、時々外国人等拝見ニ罷越候テモ不堪顔面次第」と、京都府が宮内省に一八七八年一月「皇居保存金四ヶ年分一時御下渡之儀ニ付伺」に述べているように、京都御苑の外交上の利用という目的があった（「大内保存一件」『京都府庁文書』明一〇—三〇）［森］。実際、英皇孫ヴィクトル、ジョージ両親王が、一八八一年一一月に京都御苑や東寺・東本願寺・清水寺など京都の古社寺や正倉院を訪れている［高久］。

京都御苑や正倉院が皇室外交に利用されたことは、一八八三年（明治一六）七月二日の宮内卿徳大寺実則らの夏の正倉院への風入れ作業のときのみ外国貴賓に観覧させるべきとの建議からもわかる。その一節には、「宝庫ノ義ハ千有余年前ノ建設ニシテ世界無比ノ珍宝トモ称スヘク、其名遠ク欧米各国ニ輝キ候故、近年ニ至リ外国王侯貴紳ノ本邦ニ来遊スルモノハ必拝観ヲ懇請スル」とある（東京国立博物館資料部所蔵、館資一〇八〇）。

京都御所が、公共的な博覧会の場の性格を変え宮内省の統制が強まるのは、一八八三年一月の岩倉具視の「京都皇宮保存ニ関シ意見書」により、宮内省京都支庁が設置されて以降のことである。

平安京ノ土地ノ美及風俗ノ善ナルハ海外各国ノ人モ亦称揚歆羨シ終ニ吾天皇陛下ノ毎年避暑ノ為メ此地ニ臨幸アランコトヲ望ムト言フニ至ル、因テ顧フニ其宮闕ヲ保存シ民業ノ衰微ヲ挽回スルニハ、諸礼式ヲ興シ、他国ノ士民ヲシテ屡此地ニ出入セシムルノ方法ヲ設クルニ如クハ莫シ（『岩倉公実記』下、九九二頁）

京都は、外国人も称揚しうらやむ土地・風俗の優れたところとうたい、京都御苑の整備を中核として地域振興をはかろうとする。御苑内に、桓武天皇の神霊をまつる場所をつくり、即位式・大嘗祭・立后のほか、白馬節会、大祓、新年・紀元・天朝の三大節といった諸儀礼を施行する構想である。

二条離宮は、京都府、陸軍省の管轄を経て一八八四年に宮内省の管轄になる。また桂離宮は、八一年の桂宮家の断絶の後、八三年に桂離宮の名称になるし、修学院離宮も八三年に宮内省京都支庁の管轄となっている（『帝室林野局五十年史』一九三九年）。

大和三山も、近世の入会山から一八八〇年代に官有地編入、名勝地指定を経て、九一年に御料地となっている。八〇年、全国有数の由緒ある大和三山が、開墾や立ち木の伐採にあわないように民有地から官有地への編入を訴える内務卿松方正義の太政大臣三条実美宛書簡には、「大和三山ト唱、国初帝都之地ニシテ、神武綏靖以来御歴代之陵地、三山之辺傍ニ現存シ大和第一之勝景ニ有之」との一節がある（『公文録』「明治十三年七月内務省二」）。

一方神武陵を頂点とする陵墓は、文久二年（一八六二）の山陵開始以降、本格的な整備が進められてくるが、七八年に宮内省一省が管轄する体制となり、八九年になって伊藤博文は外交上の信頼をえ、「国体の精華」を中外に発揚することを建前にしてすべての天皇陵を確定する。すべての天皇陵の確定と橿原神宮の創建はリンクしていた。なぜならすべての天皇陵が決定した八九年六月三日のその日に、宮内大臣は橿原宮址の保存計画を諸陵寮に指示しているためである（『諸陵寮誌二』陵函六六四号、宮内庁書陵部所蔵）。

同じ古墳でも、参考地を含めた皇室財産としての陵墓群（現在二四〇基）と、それ以外の史蹟に指定され国民に「開かれ」た古墳や、民有地等で破壊と隣り合わせにある多くの古墳群、との二重の構造が生まれる。[2]（図1参照）

さて肝心の御物については、その実態がわかりにくい。一九九九年に出版された週刊朝日百科『皇室の名宝』（朝日新聞社）の前書き「読者のみなさまへ」では、以下のように、皇室の御物の変遷を概観する。

皇室の宝物は、聖武天皇遺愛の品々を中心とした正倉院宝物から近代美術家の作品まで、「御物」として各部局で保存管理し、皇居のなかの調度品や装飾、また帝室博物館での展覧などにも

図1　陵墓をめぐる2つの性格

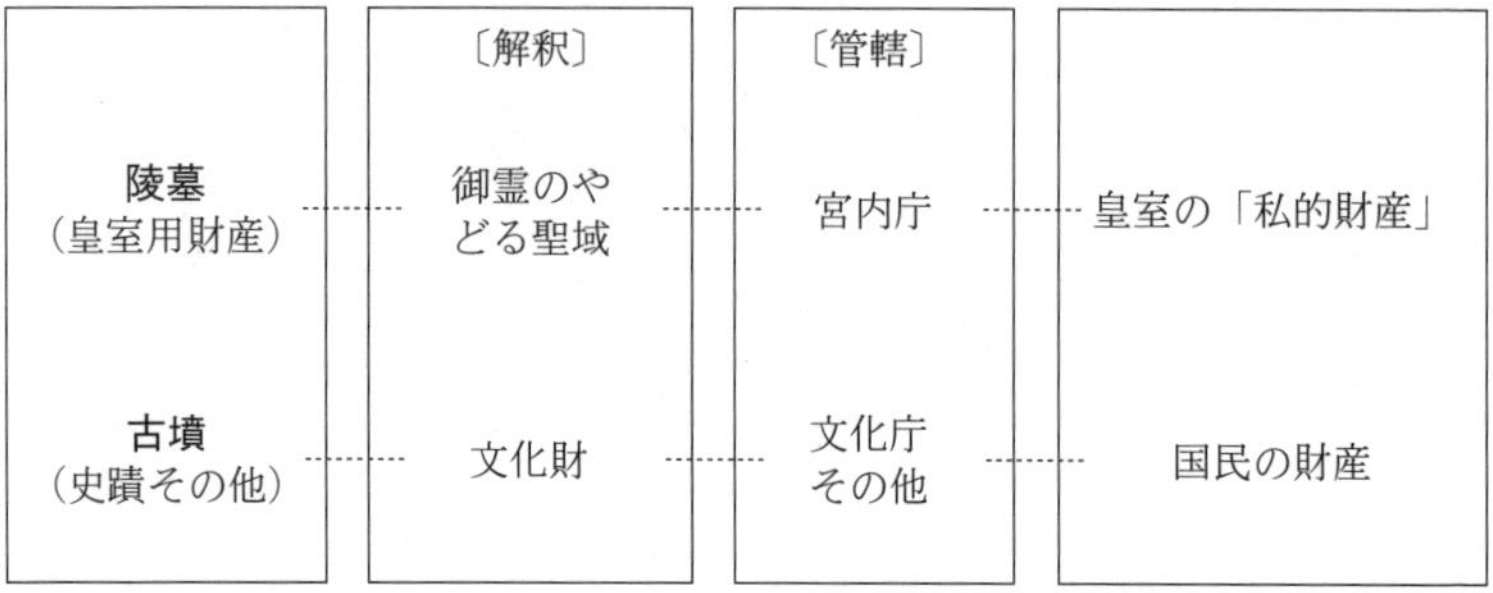

供されていました。これらの中には、古くから皇室に伝来してきた遺品以外にも、明治維新以後に貴族・大名家・寺社などから献上されたり、買い上げたりしたものも含まれていました。

戦後、天皇家の私有財産を除くすべての皇室財産は国有財産となりました。これに伴い正倉院宝物、書陵部所管の典籍・古文書類は宮内庁管理となり、同じく「御物」であった法隆寺献納宝物の大多数は、昭和二十四年に東京国立博物館へ移管されました。

しかし、旧「御物」の全体、および現「御物」（侍従職が管理する）の点数全体は不明である。昭和から平成への代替わりで、「御物」六七〇〇点余が国へ寄贈され、その多くが新しく設置された三の丸尚蔵館に保管される。多くが旧「御物」である典籍・古文書類を保管する宮内庁書陵部は、一八八四年の図書寮、八六年の諸陵寮を引き継ぐものである。現在天皇の手元に残っている現御物には、聖徳太子画像、法華義疏、桂万葉集、太刀、宸筆、東山御文庫に伝来のもの、などがある。

明治維新以来、集積され、形成された御物の出自をみてみる。まず現在も天皇の手元に残る聖徳太子画像、法華義疏などの一八七八年に皇室に入った法隆寺献納宝物がある。三二二点の献納宝物に対して、法隆寺には一万円の下賜がなされた。法隆寺献納宝物の多くは皇室財産の解体、戦後改革のなかで東京国立博物館（法隆寺館）に移管された。また、八一年に家が絶えた桂宮家伝来品には、檜図、源氏物語図屏風などがある。正倉院御物は八四年に最終的に、宮内省の管轄になっている。

そのほか、相国寺からの若冲「動植綵絵」などの献上の作品。「蒙古襲来絵詞」などのお買上げの作品。「百福図」、明治天皇の肖像画などのほか、帝室技芸員（一八九〇年設置）の作品もふくむご下命の作品、といった由来のものがある（東京国立博物館『皇室の名宝』二〇〇〇年。『芸術新潮』一九九〇年一一月号）。

こうした戦前の御物についての唯一の規程は、実は意外にも遅く一九三〇年（昭和五）になってはじめて制定された。

御物調査委員会規程（一九三〇年三月四日『宮内省報』）
第一条　宮内省ニ御物調査委員会ヲ置ク
第二条　御物ハ帝室ニ属スル書画図書其ノ他ノ物品ニシテ、帝室ニ由緒アルモノ、歴史ノ証徴トナルヘキモノ及美術的鑑賞ノ価値アルモノニ付宮内大臣之ヲ指定ス

この第二条の規程がすべてであるが、「帝室ニ由緒アルモノ、歴史ノ証徴トナルヘキモノ及美術的鑑賞ノ価値アルモノ」という基準は、あいまいで恣意的なものである。御物の成り立ち・集積の多様さに由来し、基準のあいまいさも生じたと思われる。しかしながら結果的には全体として、優れた

「書画図書其ノ他ノ物品」を、秘匿する御物として、皇室は近代に集積した。

このように近代日本の文化財行政の特色は、秘匿され、神聖化された皇室財産の文化財と、公共性のある帝室博物館などの開かれた文化財の二系統を使い分けたことにある。一九二〇年代以降の大衆社会状況になると、本物を見たこともない国民が図版を通じて正倉院御物の威光をイメージし、また中に入れないまでも遠くより拝する陵墓めぐりが流行するのである。

第三節　戦後改革と文化財

さてこの二つの系統の文化財は、戦後改革が徹底されれば、すべて国有財産となって、国民主権にふさわしく、文化庁の管轄となって国立博物館で常時正倉院宝物をみたり、天皇陵が発掘され、四世紀から五世紀の巨大古墳の時代の国家形成史が大きく解明される可能性もあった。しかし現実には、国有財産法に定められた皇室用財産は、戦前から連続する運用が宮内庁によってなされている（以下、大澤覚氏の教示が大きい）(3)。

この天皇制の戦後改革の不徹底を考えたい。

戦後改革の中で、皇室財産の大部分は国有化されるが、一九四七年（昭和二二）三月に皇室財産の評価額は約三七億円とされ、その九割の約三三億円を現物納（ほとんど山林）で納税された［鈴木正幸］。資産として残ったものは、皇室の日常的用度品、三種の神器、宮中三殿、お手元の聖徳太子画像のような御物などとなった。

一九四六年二月段階のマッカーサーの憲法改正原案においては、英国王室の例に準じ世襲財産としての私有財産は残されるが、ここから生じる利益は全部国庫に納入させ、名目的な王室財産にする方針であった［黒田］。しかしこの世襲財産案は葬られ、日本国憲法下で国有財産のなかの「皇室用財産」という巧妙なトリックが生み出される。

日本国憲法（一九四六年一一月三日公布）は、皇室の財産授受は国会議決を必要とし（第八条）、すべての皇室財産は国に属し、すべての皇室の費用は国会の議決を経なければならない（第八八条）と規定し、本質的には「皇室財産の剥奪」を憲法原理にしている［笹川］。

しかし実際の皇室の財産は、戦前と連続する運用がなされている。皇室用財産は、国有財産法（一九四七年一月公布）第三条二項三で「国において皇室の用に供し、又は供するものと決定したもの」と規定される。宮内庁法の第二条の「宮内庁の所掌事務」には、「十二、陵墓に関すること」「十四、皇室用財産を管理すること」「十八、正倉院宝庫及び正倉院宝物に関すること」が定められる。皇室用財産である陵墓と正倉院が、わざわざ皇室用財産と別だてで特記されることからも、書陵部陵墓課や正倉院事務所による管理とあいまって、両者の重要性がうかがわれる。そして宮内庁組織令第二一条の書陵部陵墓課の事務は、「陵墓の管理に関すること」「陵墓の調査及び考証に関すること」である（法務大臣官房司法法制調査部編『現行日本法規』）。

国有財産である皇室用財産に対して、なぜ宮内庁による「閉じた」管理が可能となったのか。

高見勝利の研究によると、連合国総司令部は、戦前の皇室財産を凍結した後、「その公的性質を有する財産は国家に移管し、私的性質の財産については財産税を賦課」するという大方針であったという。この皇室財産の公私の区分をめぐって、総司令部、日本政府、帝国議会のそれぞれで議論になる。

そして一九四八年六月改正の国有財産法第三条で、皇居・離宮・京都皇宮・陵墓・正倉院などが「皇室用財産」として、「従来通り皇室の使用となり、その事務は宮内庁が所管することになった」［高見］。

一九四六年一二月二一日の皇室経済法案特別委員会の審議の中で、金森徳次郎国務大臣は、皇室の私的な財産にかかわる第七条をめぐって、正倉院御物について、「保存の面におきましての経費が相当あると考へなければならぬと云ふ意味がありますし、それから是が純粋の私有財産でありますと、将来租税制度の色々な関係からして、租税の客体になると云ふことも考へられます」［同：三二七］と答弁している。

金森答弁のほかにも経費と課税の問題は何度か発言がある。私の仮説は、本来、占領下の日本政府は陵墓や正倉院御物は皇室の私有財産として運用したかったのだが、その困難な財政や将来の相続税の課題を考慮して、そしておそらく国民主権の趨勢とすりあわせて、国有財産への編入と宮内庁による戦前と連続した管理体制をひくことによって、その課題をクリアしたと考えたい。

この問題には、戦後の大嘗祭と旧帝国憲法下の登極令との連続性など、今日の政教分離裁判の課題も含めて、本格的な研究が必要である。戦後改革において、戦前の皇室の儀礼や財産のあり方が、その運用面において戦後と連続性をもたらすことになった過程の、政治史的研究が要請される。

むすびにかえて――伝「仁徳天皇陵」を世界遺産に！

一九九八年一二月一二日に天理大学でシンポジウム「日本の古墳と天皇陵」が行なわれ、森浩一・甘粕健・宮川徏・泉武・高木博志・安田浩の発言があった。「陵墓限定公開二十年をふりかえって」と副題にあったが、陵墓公開運動が、主権者が国民であるという意味を戦後史のなかで問い続けていた意味は大きい(4)。そして仁徳天皇が埋葬されていない「仁徳天皇陵」の名称の非科学性を突き、教科書の叙述を大仙陵に書き換えた、森浩一をはじめとする功績も大きい。

しかし一方で、天皇陵は日本国民の財産であるという運動の論理そのものは、近代の国民国家形成時に創られた視線を反映している。弥生時代から古墳時代の千年間に、百万人をこえる多くの職能集団が日本に移住し、東アジア世界の中で巨大古墳が築造されたことを考えると〔網野〕、近代に引かれた国境と、創り出された国民という枠を取り払って考える必要があるのではないか。朝鮮や中国にとっても共通の遺産が天皇陵なのであるし、中国・南北朝鮮の学者が陵墓公開を求める必然性がある。そうすることによって東アジアの古代史が明らかになるであろう。

一九七二年一一月一六日の第一七回ユネスコ総会で採択された「世界の文化遺産及び自然遺産の保護に関する条約」が、フランスでいわれる文化財理念の如く、国境を越えた理念をもつことはいうまでもない。「顕著な普遍的価値（outstnding universal value）」をもつ文化及び自然の遺産は、「人類全体のための世界の遺産の一部として保存」しなければならないのである。

もっとも世界遺産の「普遍的価値（universal value）」が、近代西欧の美的価値に起源する、先進国からの基準・視線であるいかがわしさは承知している。しかも国内法をユネスコは追認する形になるので、日本でいえば一八九〇年代以来の国家が定めてきた国宝・史蹟を頂点とする文化財の序列を追認する指定となる。たとえば一九三〇年代に柳宗悦の見い出した「民芸」の価値はぬけおちている。しかし旧皇室財産系の文化財を国民のレベルに取り戻すには、「陵墓を世界遺産へ」という、道具立てでも有効ではないか。

ギゼーのピラミッドが世界遺産で、どうして堺の伝「仁徳天皇陵」（大仙陵）は世界遺産ではないのか？　陵墓公開運動で培われた民主主義の理念を継承し、世界遺産保護の視座に立つ時、外圧には誠実な姿勢の日本政府に対して、「伝〈仁徳天皇陵〉を世界遺産に！」のスローガンも、道具として有効ではないか。

二一世紀には、伝「仁徳天皇陵」は特別史蹟の指定を受け、世界遺産に登録されるだろうか？

註

（1）［鈴木良］、［塚本］を参照。

（2）陵墓および陵墓参考地に対する今日の宮内庁の非公開の根拠は、「代々のご祖先のみたまを祀る静謐な、神聖な所」であるからで、この今日の宮内庁見解が、明治維新以来の皇霊祭祀と神道の希薄な来世観とともに創り出されたことについては別稿で論じた［高木二〇〇一］。

（3）戦後の皇室用財産には、皇居・（高輪南町・那須・葉山・沼津）御用邸・赤坂離宮大宮御所・京都御所・桂離宮・下総御料牧場・正倉院・陵墓関係などがある［黒田］。一九九八年三月三一日現在、皇室用財産は国有財産総額九五兆六二〇三億円のなかの〇・六％（六二四五億円）にすぎず、皇室用財産の五〇・

八％（三一六九億円）が皇居、二九・六％（一八四六億円）が赤坂御用邸であり、両者で皇室用財産の八割を占める。ついで皇室用財産の九・二％（五七六億円）が京都御所、三・二％（一九九億円）が陵墓と続く(http://www.mof.go.jp/rizai/zaisan11c3.htm)。

（4）　報告書は、［陵墓限定公開20回記念シンポジウム実行委員会編］を参照のこと。

文化財をめぐる国際的な状況だけでなく、国内的にも最近、宮内庁の姿勢に変化が見られる。西都原古墳群における陵墓参考地への墳丘への立入調査の許可、あるいは飛鳥の猿石など陵墓の石像物への調査など、自治体と宮内庁との共同調査も行なわれだした（『朝日新聞』一九九八年一二月二四日）。また地域の自治体の側でも新たな局面が現れ出した。天皇陵の中でも象徴的意味をもつ、全長四八六メートルの堺市の伝「仁徳天皇陵」（大仙陵）については、堀のヘドロの悪臭に対し、堺市が自ら水質浄化し、「仁徳・履中・反正」の三代の天皇陵を含む百舌鳥古墳群を「古代ロマンの香り漂うみちづくり」として周遊路を整備する計画である（「百舌鳥三陵周遊路整備計画の概要」堺市建設局土木部道路建設課、一九九〇年）。

引用・参考文献

網野善彦［一九九七］『日本社会の歴史』（上）岩波新書。

河野靖［一九九五］『文化遺産の保護と国際協力』風響社。

黒田久太［一九六六］『天皇家の財産』三一新書。

笹川紀勝［一九九〇］「皇室経済と議会制民主主義の課題」『北大法学論集』第四〇巻第五・六号。

鈴木嘉吉・（財）文化財建造物保存技術協会理事［一九九七］「新国宝　正倉院正倉」『月刊文化財』一九九七年、八月号。

鈴木正幸［一九九三］『皇室制度』岩波新書。

鈴木良［一九九六］「文化財の誕生」『歴史評論』五五五号。

高木博志［一九九七］『近代天皇制の文化史的研究』校倉書房。

高木博志［二〇〇二］「陵墓の近代――皇霊と皇室財産の形成」篠原徹編『近代日本の他者像と自画像』柏書房。

高木博志［近刊］「平安文化の成立」ひろた・まさき編『歴史叙述の臨界』東京大学出版会。

高久嶺之介［一九九九］「天皇がいなくなった都市の近代」『新しい歴史学のために』二三四号。

高階秀爾［二〇〇二］『西洋の眼 日本の眼』青土社。

高見勝利［一九九二］「皇室経済法立法の経緯および資料解題」、芦部信喜・高見勝利編『皇室経済法、日本立法資料全集七』信山社。

塚本学［一九九一］「文化財概念の変遷と史料」『国立歴史民俗博物館研究報告』第三五集。

奈良大学世界遺産を考える会編［二〇〇〇］『世界遺産学を学ぶ人のために』世界思想社。

森忠文［一九七八］「明治初期における京都御苑の造成について」『造園雑誌』四一―三。

陵墓限定公開20回記念シンポジウム実行委員会編［二〇〇〇］『日本の古墳と天皇陵』同成社。


（付記） 本稿の一部は、拙稿「「仁徳天皇陵」を世界遺産に！」（『歴史学研究』七二五号、一九九九年七月）に加筆したものである。

第三章　精神の「脱亜」——近代日本におけるナショナル・アイデンティティの成立とその射程

劉　建輝

はじめに

近代日本ないし日本人は、その国民的アイデンティティを立ち上げるために、おもに二つの作業を行った。一つは、欧米の諸事物をモデルとし、なんとしても自らをその基準に達成させようとしたことと、いま一つは、周辺諸国を徹底的に差異化し、なんとかして自分の優位性をつくり上げようとしたことである。むろんこの二つの作業は、いわゆる近代日本のモットーである「脱亜入欧」の近代化路線とも一致し、その後長らく日本人の精神構造に大きな影響を与え続けていた。

従来、近代日本人におけるアイデンティティの成立を考える場合、多くの論者が前者の「入欧」、つまり欧米に対するさまざまな観念や意識の変容を問題にしてきたが、しかしそれと表裏になる後者の「脱亜」、すなわちアジア諸国に対する観念や意識の変化はなぜかあまり話題にすることがない。そこで、本稿は、これまでやや疎かにされてきたこの近代日本人の精神的な「脱亜」の問題を取り上げ、その日清戦後の急速な展開を検証することによって、いわゆる「想像の共同体」としての近代日本ないしは日本人の成立、またその中国をはじめとする周辺諸国への影響などについて、いささか概略的な考察を加えたい。

第一節　日本人論の季節

日本ないしは日本人をある統一された「共同体」として捉え、ヨーロッパや東アジア諸国と比較しつつそのさまざまな特質を論評する言説は、部分的ではあるが、すでに明治初期、福沢諭吉によって行われていた。しかしこの時点では、彼はあくまで文明論の中でその特質に触れただけで、初めからけっして「日本人論」そのものを目指していたわけではなかった。その意味で、いわゆる日本ないしは日本人論の本格的なスタートはやはり明治二〇年代後半、とりわけ日清戦後に高揚してきたナショナリズムと軌を一にしていると考えられよう。

ちなみに、三宅雪嶺の『真善美日本人』(一八九一年)と『偽悪醜日本人』(一八九一年)こそ時期的にやや早いが、その他いわゆる近代日本の代表的な「日本人論」の多くがおおむねこの日清戦後から日露戦(一九〇四～〇五年)後にかけての十数年の間に刊行されたのである。それは一つのブームとも言えるようなもので、その盛んな状況はたとえば次のように確認できる。

志賀重昂『日本風景論』（一八九四年）
内村鑑三『日本及び日本人』（一八九四年、のち『代表的日本人』に改題）
大町桂月「日本の国民と国家」（一八九五年）
新渡戸稲造『武士道』（一八九九年）
苦楽道人『日本国民品性修養論』（一九〇三年）
大町桂月「美術国としての日本の国民の気質」（一九〇三年）
岡倉天心『茶の本』（一九〇六年）
芳賀矢一『国民性十論』（一九〇七年）
大町桂月「日本国民の気質」（一九〇八年）
芳賀矢一『日本人』（一九一二年）
遠藤隆吉『日本我』（一九一二年）

このような著名人の「代表作」だけにとどまらない。たとえば日清開戦の年に創刊された日本初めての大型総合雑誌『太陽』の誌上にも刊行早々からすでに金子堅太郎「日本人種の特性」（一巻九～一〇号）や岸山能武夫「日本人の五大特質」（二巻七～八号）、武富時敏「日本国民の資力」（二巻七号）、またその後も高山樗牛「日本主義を賛す」（三巻一三号）や井上哲次郎「日本民族思潮の傾向」（五巻一～二号）などがつぎつぎと載せられ、この時期における日本ないしは日本人論の過熱ぶりの一端を伝えている。

第二節　アジアの差異化によって獲得された「日本」と「日本人」

ところで、上記の日本人論の中でさまざまな日本や日本人の「特質」が議論されているが、それらは一体どうやって抽出されたのだろうか。むろんその一つ一つを立ち上げるためにはある比較の対象、つまり「他者」の存在を必要としていた。そして近代国家としてまだ歩み出したばかりの日本は、当然その相手を欧米列強ではなく、未だに「文明」に目覚めぬ隣国の「朝鮮」や中国などに求めたのであった。

たとえば、創刊間もない『太陽』の誌上に、作者は明言こそ避けたが、「朝鮮」の特質を「第一、国家、属邦の歴史を有し、独立の歴史を有せざる事」「第二、国民游惰にして勤倹の徳無く、文弱にして尚武の気象無き事」「第三、国民、軽薄にして廉恥無く、卑劣にして節義無き事」「第四、政治家、朋党を結びて常に相傾軋し、絶て国家的精神無き事」（川崎三郎「朝鮮問題」一巻七号）などの一〇箇条にまとめる前に、その基準となる国のあるべき姿、すなわち日本に代表される「独立自主の国」の国家像を掲げている。それは次のような一〇箇条からなっている。

第一、国家独立の歴史を有する事
第二、国民勤倹尚武の気象に富める事

第三、国民廉恥節義の精神に富める事
第四、政治家公徳を重んずる事
第五、経済上の要素ある事
第六、兵備上の要素ある事
第七、教育上の要素ある事
第八、交通運輸の便利を有する事
第九、宗教上の要素ある事
第十、文学、工芸、美術、言語の独立を失はざる事

この一〇箇条は、いわば「独立の要素なき」「朝鮮王国」を裁断する前提となっているが、しかし視点を変えれば、そのすべてが全部いわゆる「朝鮮」の特質を裏返して立ち上げたものばかりだとも受け止められる。つまりここでは「朝鮮像」が一枚の写真の陰画となっており、日本像がその陽画となっていることは誰の目にもはっきりとわかる構造となっている(註)。そしてこの構造は後述するように、日本と中国との関係にもそのまま当てはまるのである。

ところで、箇条の内容こそやや違ってくるが、『太陽』誌上で始められたこの一国の特質を一〇箇条にまとめる「習慣」は、その後もどうやらいろいろなところで継承されたらしい。たとえば既述の芳賀矢一の『国民性十論』や大町桂月の「日本国民の気質」などは、それぞれ日本の国民性を同じ一〇箇条に整理して提示している。またその影響を受けたとされる後述の中国の啓蒙思想家である梁啓超も、未完ながら「国民十大元気論」(一八九九年)という中国版国民性論を世に送り出している。以

下はその前者の芳賀矢一の例示した日本の国民性一〇箇条である。

一、忠君愛国
二、祖先を崇び、家名を重んず
三、現世的、実際的
四、草木を愛し、自然を喜ぶ
五、楽天洒落
六、淡白瀟洒
七、綺麗繊巧
八、清浄潔白
九、礼儀作法
十、温和寛恕

既述のように、芳賀はその後また『日本人』という『国民性十論』の補論ともいえる著作を著わし、後者の諸項目を今度は「すめらみこと」「家」「武勇」「修業」「簡易生活」「同情」「救済」「公益」「国家」と九項目に改めて自らの議論をさらに深化させている。

芳賀のこれらの主張もそうだが、実は日清戦後に始まる一連の日本ないしは日本人論をよく読んでみると、そこには主に三つの要素が特に強調されているように思われる。その三つの要素とは、すなわち国家観念、勤労観念、また衛生観念のことであるが、日本人にはこれらの観念が昔からすでに身についているというような言説は、およそほとんどの作者から繰り返し提示されている。これは明らかに近代国家を意識し、その基礎ともなる国民観念の存在を意図的に顕在化させようとするものにほかならない。そして前にも述べたように、その顕在化の作業はまた、あくまでも中国や韓国を徹底して差異化することによって行われているのである。

たとえば、中国や韓国にはこれらの観念が欠如しているため、未だに「文明国」にはなれないというような議論が『太陽』をはじめとするさまざまなメディアに溢れ、いわゆる当時の「言論」の大勢を占めているのみならず、その後も長らく中国観や韓国観に影を落としている。やや長くなるが、ここでそのいくつかの例を見てみよう。

支那国民が国家の観念なるものに至りては、甚だ漠然として明瞭ならず、支那国民は仏教に由りて国家の観念を養成せらるるものに非るなり、又支那国民は我輩日本国民の如く帝室と国家との観念を結合するものに非るなり、……（日本では）国家の観念は皇室に於て統一せらるるものなり、之に反して、支那国民は其帝室と国家とを全く別視す、而して其所謂国家の最上理想なるものは平和と秩序とを善く保ちたるものにして、其主権者は自国人なるも外国人なるも敢て問ふ所に非ず。（中略）

支那国民が国家の観念に乏きの証拠は、支那には此国家の観念を表彰するに足るべき名称なきを見ても之を知るべし、凡そ支那に於て中国と云へば唯だ礼儀の行はるると行はれざるとを以て標準とする殆ど無形の理想にして、地理的の観念に非ず、又政治的の観念に非ず、大清と云へば唯だ当代政府の主権に過ぎざるのみ、……日本人は日本と言ふ名称を聞ては日本の為めに死ずる

の感情生ずるも支那国民には絶て斯る観念あることなきなり。（中略）

抑も此に一言すべきは、支那国民には自国を以て中華中国とし、他国を以て海外蛮夷とする種の自尊心なり、此自尊心こそ対外的愛国心ならんと念ふものにあらずと雖も、是れ大なる誤想なり、……故に支那国民が自国を以て中国とし他国を以て蛮夷とするの自尊心を以て対外的愛国心とせば、是れ自国の裡（支那全帝国を以て中国となさば）にも蛮夷あるなり、敵国あるなり、而して支那国民が中華中国の自尊心豈に対外的愛国心と同一ならん哉。［中西牛郎「支那帝国の真相」『太陽』二巻一号］

……東洋に行はるる忠君の主義に二様の別あり。其の主義を国家地盤の上に樹立すると、個人的利害或は禄制の上に樹立すると是れなり。……第一の主義之れを称して国家的忠君主義或は更に適切に勤王主義と云ひ、第二の主義之れを名づけて利禄的忠君主義と云ふ。而して此の両主義中第一の主義が史前より史後の今日に至る迄、数千歳を貫通し、終始一日の如く行はれたるは東洋、否、坤輿に於て特り我が邦あるのみ。支那の如きは……其の所謂忠君は孔孟立教の趣旨を始め、百世の下、今日に至る迄、国家の元首たるが故に君主に忠なるにあらずして、個人的利害を共にし、若しくは奕世、恩禄を賜はるの故を以て忠なるものとす。（中略）

蓋し支那今日の国勢は古代も同様殆ど依然たる擅制政治にして、未だ殖産興業を以て国是とするに至らず。……又其の擅制主義なるを以て今日に至るも殆ど絶へて愛国の念を生ぜず。是れを以て其の人民は唯だ利是れ趁ひ、其の私利心の甚だしき、其の心事の卑劣なる、邦家、公共の事業を視る、恰も秦人の越人に於けるの感なくんばあらず。……之れに反し、日本人民の如きは、封建の時代に於て武士たらん者は買ふことありて売ることあるべからず。借ることありて、貸すことあるべからずといふ無欲或は寡欲主義に薫陶せられ、長久の間之れを実行し、又或は之れを以て人生行為の高尚なる標準と定めたり。（中略）

……古公（周太王—引用者注）の心中、仁政の精神は蓋し之れありたらん。而かも国家的観念に至りては、毫末の存するあるを見ず。……以て支那人民の理想に於て、国家的観念の痕跡だもなき所以を徴するに足るものあり。［清野勉「支那国性の由来」『太陽』二巻二〇号］

以上は主に国家観念に集中したものであるが、むろん他の二つの観念についてもこれらには勝るとも劣らぬさまざまな議論が展開されている。たとえば、次の二つの引用はつまり中国人のそうした勤労や衛生などの意識の欠如をことさらに強調するものにほかならない。

斯くの如く米国に居つて色々目撃した所で、日本人が米国人より優りて清潔なと云ふことは分つて参りました。併し尚ほ私の心の中には、支那人若くは朝鮮人即ち他の東洋人に較べてどうであらうか、日本人とどちらが清潔であらうかと云ふ疑がありました。幸にして此度の戦争のお陰で、私は遼東朝鮮等を漫遊することが出来ました。向ふに参つて清潔が何の位迄行はれて居るかと研究して見まするると、是はどうも案外千万で、遼東半島なんど申しまするものは、迚も言葉を以て其の不潔を形容することが出来ない位です。不潔の極端で、清潔と云ふこと又不潔と云ふことを知らない国である。朝鮮に参りまするると遼東よりも少しは宜しい。併し日本の家に較べたならば、朝鮮の家は実に豚小屋同然である。其不潔なことは、迚も日本人たる私共の住むことは出来ませぬ。そこで此清潔が日本人の特質であつて、西洋にも無し、又東洋にも無い、実に日本人特有の性質であると云ふことが、愈々明白になつて参りました。〔岸本能武太「日本人の五特質」『太陽』二巻七、八号〕

支那人資性の悪端は世人のすでに知了せるところ、その自尊にすぎ、保守にすぎ、国家の公に薄く、自利の私に厚く、狡獪に散慢に、野卑に倹嗇に、因循に姑息に、間の抜け気の利かざる、兼て虚礼を重んじ、辞令に媚ひ、又た一般に不潔を厭はず。字して豚といひ、号してチャンといひ、甚だしきに至りては之をジュウと比し、又た世界最下等の国民と評するものあるに至る。〔藤田剣峯「支那人の資性を論じて対支那策に及ぶ」『太陽』四巻五号〕

むろん、このような言説はけっして『太陽』に始まったものではない。たとえば『太陽』にしばしば登場する論客の一人である尾崎行雄が、早くもその一〇年前の中国旅行の際に記した『遊清紀略』においてすでに中国人の「懶惰」や「不潔」についての議論を行っている。またさらに溯ってみれば、明治初期の福沢諭吉のさまざまな文明論の中にも一部似たような批評が確認できる。その意味で、日清戦後のこうした一連の言説の大量流布は、いわば戦勝という大きな自信を背景に従来の散発的な議論をより強固により鮮明に展開したにすぎないと言えよう。そしてその行きつくところは、たとえば志賀重昂の『日本風景論』で行われたような、単に人間のみならず、いわゆる国土の風景まで日本の「景物の警抜秀俊なる」ことが、中国の北方の「一山一峰のこの際に聳起するなく、風物の単一同様なる」こと、また南方の「巨木高樹の幽邃少く（四川省、揚子江の上流を除きては）、僅に蘋薯一様の画を描きて仮形的に山水を眼前に現はし、いはゆる『臥遊』して以て聊か自ら慰むるに過ぎ」ない景観の寂しさと比較され、その優位性が大々的に強調されるものにほかならない。

しかし、よく考えてみれば、このような一連の中国の徹底した差異化は実はかなり危険な操作であることに気づく。というのは、ここまで何千年来自らが「師」として仰いできた中国を否定してしまうと、その文明の恩恵を受けてきた日本の立場もどこかで揺らがないともかぎらないからである。この危険を避けるために唯一とられる対策は、つまり古代中国と現代中国を切り離し、その古代中国の本当の継承者は実はわが日本であることを暗示することによって、中国を否定しながらも自分を正当化するという一石二鳥のものだったのである。

唯だ聞く康熙年間は文武の大臣が一頃の田、一人の妾を買ふも、一々康熙帝の聡聴に達せざるはなしと、則ち其政治の周密にして機務の明瞭なりしこと推して知るべし。［中西牛郎「清朝全盛の時代」『太陽』一巻六号］

今の支那人を観たる者、誰れか、その礼法を壊乱するに驚かざる者あるか、苟くも黄白を得んには、如何に、其の身を不潔にし、其の行を卑劣にするも、敢て之れを厭はざるにあらずや、然れども更に首を回らして、四千余年前の往時に溯ぼり、その古文学を繙きて、考一考するときは、大に今日と懸隔せるを知る、彼等は優美なる人民なり、礼法を以て自ら持したるの人民なり、或る点に於ては、泰西人の常に艶称する所の、希臘人種に似たる如き点なきにあらざるなり。［小柳司気太「支那文学一斑」『太陽』一巻十二号］

ここでは、古代中国また古代中国人がかなりの「好意」によって持ち上げられているが、その際に比較の対象として否定されたのもまた同じ「礼法」を壊乱した現在の中国と「卑劣」で「不潔」な現代の中国人である。そしてこうした「野蛮国たる非理国たる」中国と「多くの欠点ある」中国人に対して、日本および日本人がまさに「百事を異にする」ことによって、その自らの「優美なる人民」としての地位が獲得されたのである。

むろん、この際に「百事を異にする」日中の最大の「違い」もさまざまな「実例」を持って証明されている。その違いとはつまり戦場における日中兵士の行動の差であるが、日本人兵士が「武勇絶倫」であるのに対して、中国の兵士は「不規律の徒」であり、「身を全うすることのみに汲々」たるにすぎず、両者の間には「雲壌の差異あり」とされているのである。

> 東洋に異別の二人種、即ち特別の二国民あること明白となれり。其内人口の少き一国民は能く戦ふの性に富み、外貌の能く類似するにも拘はらず、他の一国民と著き差違あり。〔「支那兵及日本兵」『太陽』二巻二〇、二一号〕

これは「佛国将校会雑誌」から抄訳された記事であるが、外国人のフランス将校がこうした見方をしているのだから、当然その「客観性」が疑われることはない。こうして「武勇」の日本人と「怯懦」の中国人のイメージがいよいよ強固なものとなっていく。

「怯懦」な中国人の中で『太陽』誌上において唯一賞賛されたのは北洋艦隊を率い、日本海軍と最後まで戦った提督の丁汝昌であるが、「清国始めて人あり」と称えられた彼でさえ、結局は日本軍に屈服したのだから、日本人がいかに「武勇」に長けているかが推し量られる。

このように、日本および日本人がおよそすべての面において中国ないしは中国人より「優れている」ことが証明されたわけだが、こうした立場の逆転が存在する以上、当然、「一等国」の日本が「未開国」の中国をリードし、また「教導」する必要も生まれてくる。それはいわばアジアの「盟主」としての「使命」であり、「責務」である。

征清の結局に付、やじが第一に希望する所は遷都なり、即ち我が聖駕を奉じて都を支那本部に定め、我が帝国仁義の教と文明の主義とを以て彼の四億万の民を治むべし、是れ彼の生霊を救ふ所以にして又実に我が帝国の天職なり。［「征清の結局奈何」『太陽』一巻一号］

……夫からは彼の手を執つて進んで彼を導きてやらなければならぬのだらうと思ふ、さうすれば詰る所は支那が戦争の上では負けましても良い教を受けて学問の道を開き人智進歩の仕方に於て従来大なる利益を獲るといふ事になれば支那も非常の仕合せになるだらうと思ふ、若し此戦争が無くして居つたならば到底人心の改進は思ひもよらぬ今日は最早日本が先導者となつて、彼大国の人民四億万人を教導しなければならぬ事だと思ふ、さうなりますると日本の方が先生で、日本の方が兄分で、向ふの方が弟でさうして弟子にならなければならぬ。［大鳥圭介「日清教育の比較」『太陽』一巻九号］

よく言われるように、一九世紀の百年間とは、基本的に国民国家が世界各地で立ち上げられ、かつ強化されていった百年として認識できる。その中である国が近代的な国民国家のレベルに達しているか否かをはかる基準の一つとしては、その国がすでにどの程度「富国強兵」を実現したかということが、どうやらまず想定されていたようである。その意味で「国家観念」「勤労観念」などの精神面に留まらず、一時劣勢と言われた軍事の分野でも清国を下した日本は、まさにあらゆる領域で相手を「弟子」にまわしたことによって、いよいよ自らの近代国家の「先生」としての地位を強固にしたのであり、また実際にもそういう立場で中国などを「教導」し始めたのである。

第三節　「義」による中国、欧米の超克

ところで、このように近代国民国家の諸基準でみごとに中国や韓国を裁断し、「文明国」としてのアイデンティティを獲得した日本は、実はまた大きな「悩み」を抱えていた。つまりもし同じ近代国民国家の尺度で裁断していけば、後進国としての日本は間違いなく欧米諸国に屈服することを余儀なくされ、その「弟」か「弟子」にされてしまうであろう。そうなれば一応「文明国」にはなったものの、欧米列強に比べたら依然として胸を張ることができない。そこでこの欧米を超克するために、まさにかの中国や韓国を裁断する際に使われた基準とはまったく異なるもう一つの尺度が用意されたのである。その尺度とは、すなわち伝統倫理に由来する「忠」や「義」などの東洋的な規範にほかならないが、日本はいわばこれらの規範の「正統」なる継承者として、まず「堕落」した中国を退けた上

で、「国民国家」の先輩でありながらも「利」ばかりを重んじる欧米諸国を容赦無く切り落とし始めたのである。

……眼を拭て彼が国勢の由り来る所を察せよ、周季の時よりして仁義忠信を口にする人はあるも、政事に行へるは絶て無く、秦漢魏晋は覇術を雑へ、四五の賢君あるも愈益卑下なり、其の道徳なきの邦たること殆ど二千年、此れ識者の能く知る所、其亡滅は仁義忠信を行はざるに兆せるなり、……顧みて我が為す所を視るに、弱を扶け小を撫するは義なり、残虐を誅除して四百余州の民を安んずるは仁なり、約を守る是れ信にして心を尽すは忠なり……。［藤沢南岳「征討後の教育を論ず」『太陽』一巻三号］

欧米諸国が国際間、法律上及道徳上の犯罪者を制裁するの規定は頗る疎漏也、是れ建国の性質上自然の結果と云ふべき乎、精言すれば、其始め遊牧の民、侵略の族を以て組織したる新造の国家にして、且つ其人種宗教を共にする為め、忠君愛国の精神甚だ脆く、皇統連綿、天長地久の国家を維持し来れる日本人の愛国心の如きは、彼等が物質的、法律的観察に於て到底其真相を看破し能はざる可し……。［東邦生「道義の大本上より劉雨田の帰化を論ず」『太陽』二巻一三号］

後者の引用に「劉雨田」という人物が登場しているが、実はこの人は日清戦争中に日本軍を案内し、終戦後も現地の協力者として大いに活躍した人物であった。ところが三国干渉によって遼東半島が中国に返還されることになったため、彼は日本軍の撤退開始とともに日本に亡命を申し込んだのである。

この中国の「裏切り者」をいかに扱うかをめぐってさまざまな議論が交わされたが、前記の引用はその中の一つである。

ここでは、このような祖国の「裏切り者」は欧米諸国ではその亡命を認めるかもしれないが、それは彼らが「新造の国家にして」、「道義の大本」を知らないからであって、それに対してわが日本は彼らの「物質的、法律的観察」では理解できない「愛国心」を持っており、たとえ協力者でも自国を裏切った「不義」の人間を絶対受け入れるべきではないと主張している。

これには、言うまでもなく「物質的」に上位に立っている欧米諸国に対して、日本は「物質」などよりもむしろ「道徳」を重んじていることを強調することによって、なんとかして相手を超克し、その後進国としてのコンプレックスを克服しようとする意図が見え隠れしている。つまり、日清戦後に現れた一連の日本ないし日本人論には、このような「忠」や「義」などの伝統倫理を強調する主張がかなり確認されているが、その一見、中国や韓国を裁断する国民国家の論理とまったく矛盾する尺度は、まさに日本を特権化すべく欧米諸国を裁断するために用意されたものである。またその「物質」の欧米に対する「道徳」の日本という二項対立的な操作も、その後日露戦争などを経て、およそ第二次世界大戦の終戦まで一貫して行われつづけていたと言えよう。

第四節　中国知識人における日本発「中国像」の受容

ところで、日本人のアイデンティティを立ち上げるためにつくり上げられた前記の「アジア像」な

料金受取人払

神田局承認

2045

差出有効期間
平成14年9月
30日まで

郵便はがき

101-8791

009

（受取人）

東京都千代田区神田神保町3—2

㈱日本経済評論社　行

書名

ご感想・ご意見

■小社刊行物に関する毎々のご購読ありがとうございます。

小社書籍のご注文は、このハガキを書店にお持ちくださるか、小社へお送り下さい。

目録のみご希望の場合は、その旨明記の上、このハガキをご使用下さい。

注文書

年　　月　　日

書　　名	著　　者	冊数

＊直送の場合は送料が加算されます。

お名前

〒

ご住所

お電話　　　　　　ご職業

取次店名	書　店　名

いしは「中国像」は、もしそのまま日本国内で自己完結的に再生産され続けていただけならば、問題はまだ簡単である。しかしこの日本発の「アジア像」、とりわけ「中国像」はその後やや形を変えながらもほぼ全面的に中国の知識人に受容され、また「内面化」されたことによって、事態が非常に複雑になっているのである。

それはどういうことかと言うと、日清戦争に負けた中国は否応なしに敗戦への「反省」から自らのアイデンティティを立ち上げざるを得なくなったが、その「反省」すべき材料となったものはことごとく前記の日本のつくり出した中国認識であり、またこの戦勝者との比較によって顕在化されたさまざまな「欠点」であった。その意味で、初めはあくまで日本人の「脱亜」のために唱えられたこうした一連の言説は、まさに戦勝という絶対的な「裏づけ」によって、その後ほとんど揺るぎがたい一つの「真実」として中国知識人の内面に深く食い込んだのである。

この日本発「中国像」の中国人自身による受容のプロセスを考察することも、いわゆる日本人の立ち上げたアイデンティティの射程を追跡する上で非常に大切な作業であるが、紙面の関係でここでは詳しく触れることを避け、以下簡単にそのいくつかの事例だけを紹介しておく。

たとえば、日清戦争の敗戦への反省がきっかけで、十九世紀末の中国においていわゆる「変法」と称する改革運動が始まるが、そのリーダーの一人で、前述の梁啓超は、在来の中国の「国民性」を批判する論文「国民十大元気論」(前出)「中国積弱溯源論」(一九〇〇年)「十種徳性相反相成義」(一九〇〇年)「論中国国民之品格」(一九〇三年)などをたて続けに発表し、ほとんど前記の一連の言説を彷彿させるような主張を繰り返している。中でも「論中国国民之品格」においては、中国の国民品格として「愛国心の薄弱」「独立性の柔脆」「公共心の缺乏」「自治力の欠闕」と四箇条にまとめているが、その内容といい、項目の立て方といい、明らかに日本の「中国像」を踏襲している。

また、近代中国の民族運動の旗手とも見なされている文学者の魯迅が、その自らの国民性改造論を展開する際に、何度もアメリカ公理会宣教師明恩溥（Arthur Hendersow Smith）の『支那人気質』（一八九〇年）を引用するが、実は魯迅が見たのはその英語の原文ではなく、どうやら渋江保訳の日本語版（一八九六年）だった可能性が大きい。この『支那人気質』は当時日本ではかなり読まれていたらしく、特にその「公共精神の欠如」をはじめとする二六箇条にまとめられた中国人の「特質」は、大いに日本の読者に「共鳴」を与えたとも言われている。その意味では魯迅は直接ではないものの、その「共鳴」された明恩溥の著作などをとおして、日本発の「中国像」を一部共有していたと言えよう。

ちなみに、魯迅が一九三三年に「沙」というエッセイを発表しているが、そこでは統治者による悪政の「成果」とされながらも、中国の官吏と民衆がまさにそれぞれ結束のできない「自私自利の沙」と「散沙」と譬えられ、そしてそうした「沙漠」状態の中国に、いわゆる「沙皇」（ロシア）を倒した「団結の人々」である日本人がいとも簡単に入ってきたのだと、作者一流のレトリックでその現実を嘆いている。

最後に、いわゆる近代中国人の代表的な日本人論の一つである戴季陶の『日本論』（一九二八年）を挙げることにしよう。日本留学経験者である戴は、この著作の中で当時の日本の対中国政策についてきわめて痛烈な批判を展開しているが、しかしそうした日本を厳しく非難する論調の中でも無意識的に日本人の提示した「日本像」、またはその「日本像」に基づいた種々の言説を垣間見せている。たとえば、作者は二四箇条に分けられた日本をめぐる様々な主題の中で「美を愛する国民」「尚武、平和、男女関係」などの項目を立てて、在来の日本の「美徳」を賞賛している。そしてそうした一連の

「美徳」を大いに認めた上で、その現実との間の落差に対する自らの困惑をあらわにしている。

言うまでもなく、中国知識人がこのように日本発の一連の「中国像」を受け入れたのは、主に彼らの中国近代以来の悲惨な歴史に対する反省に起因しており、そうした悲惨な現実を生み出したと思われる「国民性」の改造をとおしてなんとかして民族自立を勝ち取ろうとする苛立ちが、こうした日本発の「中国像」のやや安易な受容を許した一面があると思われる。しかし問題はけっしてそれだけによって説明されるものではなく、その背後にはやはり既述のような日本を中心とする一種の「オリエンタリズム」とも言えるイデオロギーを伴った言説の呪縛が潜んでいると見なしたほうが間違いないだろう。

ちなみに、「散漫」、「懶惰」で「不潔」な中国人が、たとえば大正時代に入ると、新しい時代の文脈の中で今度はまったく違う「オリエンタリズム」の対象となり、その表象によっては一種の日本では得られない「癒し」や「デカダン」の「美」が発見され、いわゆる日本発の「中国像」がまた新たな展開を見せ始めるのである。

第五節　二一世紀における「日本人像」の構築

以上、『太陽』などの言説を中心に、近代日本のナショナル・アイデンティティがいかに精神の「脱亜」という構造のもとで立ち上げられ、またその成立後いかに近隣諸国、とりわけ中国の知識人の自己認識に多大な影響を及ぼしたかを確認してきた。この作業をあえて長々と続けてきたのは、けっして単純にそのアイデンティティの「虚妄」を暴くのではなく、またそこに現われた中国などのアジア諸国に対する「差別」を批判するのでもない。そうしたことよりも、むしろその立ち上げられた「起源」を確かめることによって、そこに潜んでいるこのアイデンティティの「記憶」としての歴史性を浮き彫りにしようとしたのである。なぜならば、今日においてわれわれはなお「国民国家」という国家形態の有効性を認めている以上、またその枠組みの中で日々の生活を営んでいる以上、この「記憶」が常にわれわれの日常の思惟と行動に付き纏っており、なかなか完全には抹消することができないからである。とすれば、今現在のわれわれにできるのは、明治期に成立したこのアイデンティティのさまざまな歴史的役割に留意する一方、たえずその立ち上げられた「起源」を意識し、そしてややもすれば「真実」として現われがちなこの「記憶」を可能なかぎり相対化し続けていくことではないだろうか。

幸いなことに、二一世紀に入り、世界がいよいよ在来の「国民国家」体制を超えて、あらゆる領域で「全球化＝グローバル化」を迎えようとしている。むろんこの世界規模の大変動にはさまざまな未解決の問題が存在しており、けっしてすべてを楽観視すべきではないかもしれない。ただ一つだけ確実に言えるのは、一九世紀末に「国民国家」の成立とともに立ち上げられたわれわれの「自己認識」ないしは「自己像」は、もう大いにその「有効性」を失い、いわゆる新しい時代の潮流にはほとんど対応しきれなくなったということである。となれば、ことアイデンティティに関する目下の最重要課題は、やはり従来の「国民」意識を超えて、この二一世紀の新たな歴史展開に相応しい「自己認識」を構築すること以外にないと思われる。それはどういう人間像になるかと言えば、おそらくこれまでの民族的な「身分」をできるだけ相対化し、個人的な「身分」をできるだけ強化するというのが一つの目標であろう。ただ現時点ではわれわれは依然としてそれぞれの国籍を持ち、まだ完全には何々人をやめられない以上、その二つの作業にはいずれもある限界が予想される。そうならば、問題はどうすればこの二つの「身分」をバランスよくわれわれの中に同居させるかということになるだろう。そしてそれを実現するためには何よりも、今までのようにただ何々人に居座るのではなく、常に「他者」への想像力を働かし、相手の立場にも立った発想法で思惟し、行動する努力が必要となってくる。その意味においては、偏狭なナショナル・アイデンティティから脱却し、新しい時代に相応しい「自己像」を構築することはけっして容易なことではなく、それには多くの「自己否定」や「自己犠牲」、また相手への「思い遣り」を伴わなければならない。そしてこの「生みの痛み」とも言える過程を経てこそ、われわれが初めて二一世紀と本当に向い合うことができるだろう。

註

いわゆる日本人の「自己像」が立ち上げられた際に「朝鮮像」がその比較の対象となり、そして前者が一枚の陽画であるのに対して、後者が常にその陰画となっていたことはすでに南富鎮「近代日本の朝鮮人像の形成」―総合雑誌『太陽』と『朝鮮』を軸にして―」（筑波大学近代文学研究会編『明治期雑誌メディアにみる〈文学〉』、二〇〇〇年）によって指摘されている。本論を作成するにあたって、この南氏の論考からは多くの啓発を頂いており、ここにおいて謝意を表したい。

引用・参考文献

内村鑑三［一八九四］『日本及び日本人』（のち『代表的日本人』に改題、警醒社書店）。

遠藤隆吉［一九一二］『日本我』巣園学舎出版部。

大町桂月［一八九五］「日本の国民と国家」『桂月全集第八巻』〈興文社、一九二二〉所収。

大町桂月［一九〇三］「美術国としての日本の国民の気質」『桂月全集第八巻』所収。

大町桂月［一九〇八］「日本国民の気質」『桂月全集第八巻』所収。

岡倉天心［一九〇六］『茶の本』Fox Duffield.

尾崎行雄［一八八四］『遊清紀略』『郵便報知新聞』連載。

苦楽道人［一九〇三］『日本国民品性修養論』明治修養会。

志賀重昂［一八九四］『日本風景論』政教社。

芳賀矢一［一九〇七］『国民性十論』冨山房。

芳賀矢一［一九一二］『日本人』文会堂書店。

スミス A・H（渋江保訳）［一八九六］『支那人気質』博文館。

戴季陶［一九二七］『日本論』上海民智書局。

新渡戸稲造［一八九九］『武士道』Philadelphia.

南富鎮［二〇〇〇］「近代日本の朝鮮人像の形成」―総合雑誌『太陽』と『朝鮮』を軸にして―」筑波大学近代文学研究会編『明治期雑誌メディアにみる〈文学〉』。

三宅雪嶺［一八九一］「真善美日本人」政教社。

三宅雪嶺［一八九一］「偽悪醜日本人」政教社。

梁啓超［一八九九］「国民十大元気論」『飲冰室合集』第一冊〈上海中華書局、一九三六〉所収。

梁啓超［一九〇〇］「中国積弱溯源論」『飲冰室合集』第一冊所収。

梁啓超［一九〇〇］「十種徳性相反相成義」『飲冰室合集』第一冊所収。

梁啓超［一九〇三］「論中国国民之品格」『飲冰室合集』第二冊所収。

魯迅［一九三三］「沙」『申報月刊』第二巻第八号、『南腔北調集』〈上海同文書店、一九三四〉所収。

雑誌『太陽』博文館

井上哲次郎「日本民族思潮の傾向」（五巻一～二号）
大鳥圭介「日清教育の比較」（一巻九号）
金子堅太郎「日本人種の特性」（一巻九～一〇号）
川崎三郎「朝鮮問題」（一巻七号）
岸山能武夫「日本人の五大特質」（二巻七～八号）
清野勉「支那国性の由来」（二巻二〇号）
小柳司気太「支那文学一斑」（一巻一二号）
高山樗牛「日本主義を賛す」（三巻一三号）
武富時敏「日本国民の資力」（二巻七号）
中西牛郎「清朝全盛の時代」（一巻六号）
中西牛郎「支那帝国の真相」（二巻一号）
東邦生「道義の大本上より劉雨田の帰化を論ず」（二巻一三号）
藤沢南岳「征討後の教育を論ず」（一巻三号）
藤田剣峯「支那人の資質を論じて対支那策に及ぶ」（四巻五号）
「征清の結局奈何」（一巻一号）
「支那兵及日本兵」（二巻二〇、二一号）

第Ⅱ部　グローバル社会の「文化」

第一章　グローバル時代の地域文化

端　信行

はじめに

本稿では、現代日本人のアイデンティティの一面を地域文化に焦点を当てて分析してみようと思う。すでに園田が本書の冒頭論文において述べているように、現代日本人のアイデンティティを問うことそのものが大きな問題性を内包している（園田英弘「序章」）。今日、アイデンティティという概念はあまりに多様な意味をもって使われており、なおかつその意味するところが主義・主張と表裏一体の関係があることから、客観的な概念としてその内容や意味を論究することがしばしば困難になる傾向がある。

こうした側面は地域文化に焦点を当てたとしても同様である。したがって本稿を進めるうえでも、アイデンティティをどのようにとらえるのかという視点を明確にすることが重要であるが、この点でも園田のいう関係論的アイデンティティという立場をとりたいと思う。地域文化そのものの歴史的変化を問い直し、その本質を明らかにしようという作業とは関わりなく、地域文化は今日二つの大きな課題に直面している。

その一つは、明治以来の国民文化形成を基軸とした国家運営が進むなかで、特色が薄れる一方の地域文化のあり方を今後どう考えるかという課題である。とくに近年では地方分権化の具体的方策が模索され、その流れのなかで新たな市町村合併が論じられるなど、地域のあり方が以前にもまして注目されつつある。そのような動きにともなって地域文化のあり方が大きな課題となっているのである。この第一の課題と重なるともいえる第二の課題は、あらためて言うまでもなく、急激に進むグローバル化にどう対応するかという課題である。一九八〇年代半ばから顕在化しはじめたグローバル化は、情報や人の移動、企業活動など様々な面で国家を越えるボーダーレス現象を地域にもたらし、地域を単なる日本という国家の一細胞にとどまることを許さない状況を生み出している。この点も今日、地域文化のあり方を振り返ってみなければならない大きな要因となっているのである。

第一節　地域文化の形成とその機能

地域文化とは何か？　昨今のわが国においては、地域文化ということばはいろいろな意味やレベルにおいて使われる。現代のように、以前にもまして交通や通信が発達した社会では、様々なレベルのコミュニケーションや活動がたえず人々の帰属意識との関わりを問いかけそれを顕在化させる。その意味においては、コミュニケーションのレベルや人々の活動が多様になればなるほど、地域文化の意味内容も多様に使われるということかも知れない。現代の地域文化の諸相については後ほど述べるとして、ここでは地域文化の本来の意味するところを考えておきたい。

文化という概念についても定義はいろいろに試みられているが、文化が人々の日々の営みと不可分であるという点については誰しも異論はないであろう。人間の営みそのものが文化の様々な表象につながるのであるから、ある地域における人々の営みはおのずとその地域に様々な表象を生み出すことになる。したがって地域文化とは、その地域を舞台にした過去から現在にいたる様々な人々の営みの集積であるということができる。「様々な人々」の中にはその地域に住んでいなかった人もいるかも知れない。しかしその人がその地でなにがしかを営み、その証として何かの表象が生まれたとすれば、それはまぎれもなくその地域の文化であろう。

こうした過去から現在にいたる人々の営みの集積としての地域文化は、決して可視的なものばかりではない。一般的には、地域文化といえば、有形文化財のように地域に残された可視的なものを想定する場合が多いが、風土に育まれた人々の気質などのように、目に見えない地域文化も多く存在する。方言のような言語生活の分野とか音楽・舞踊・儀礼といったいわば口頭伝承や身体伝承によって伝えられた芸能・儀式の分野は不可視的な側面と可視的な側面とからなっている。人前でのパフォーマンスは可視的だが、伝承の内容そのものは見えるわけではない。

いずれにせよ、地域文化の本来的なあり方は、その地域を舞台にした過去の様々な時代の人々の営みが生み出した諸々の集積である。しかしただ集積したというだけでは文化としての意味は小さい。

営みの集積がもつ文化的意味は、一定の社会的統合を通して表象にまで高められる。本来的に地域文化は政治領域と深く関わって育まれてきたといってもよいであろう。

1　県民性と府県域の歴史的連続性

県民性という概念がある。長年にわたって県民性の研究を続けてきた祖父江孝男は、その近著『県民性の人間学』においてもあらためて県民性の存否を問い直し、今日でも県民性が日本人の精神文化を考えるうえでなお有効な概念であることを主張している。たしかに現代人の一人ひとりがその性格形成の一部分に県民性なる特性を保持しているかとなるといささか異論が出るであろう。しかしたとえば、遺伝子情報の場合でもすべての人に同じように発現するわけではない情報はいくらでもあるので、ある府県の出身者の何人かに特徴的な共通点がみられるとすれば、それは遠い過去からその地方に蓄積されてきた特性が多くの場合は潜在化するとしても、ある条件のもとである人びとを通じて発現すると考えても不自然ではない。

もともと日本の府県域はきわめて歴史的継承性が強いものである。すでにこのことはわが国の歴史地理学においてはよく知られた事実であり、近年では八幡和郎がその著書『四七都道府県うんちく事典』で触れているが、いくらかの変遷はみられるとしても、日本の今日の府県域の源流の多くは律令時代に遡ることができるのである。周知のとおり、大化改新ののち七世紀末にかけて、日本列島はいわゆる五畿七道に大別される五八国三島（北海道はのぞく）に分けられた。その後各地方の開発などの事情にともない国の分置や併合が行われたが、一〇世紀初めの延喜式は六六国二島とし、古代国家が崩壊したのちも地方区画として明治まで残ったのであった。

延喜式にみられる六六国も佐渡、隠岐、淡路をそれぞれ一国としているので、今日の地理的常識でみれば、六三国五島という表現になろう。今日の都道府県は四七であるが、ここから北海道をのぞくと本州列島部分だけでは四六都府県である。六三国と四六都府県、この単純な数字のみでもきわめて近似性が高いことがわかる（註参照）。

このように、今日の府県域の基礎的枠組みが日本の歴史における曙の時代から現在に至るまで連続するという事実は、日本文明の地域的成り立ちが基本的に今日の府県域を基礎としていることを暗示している。徳川期には独自の統治制度として全国をほぼ約二六〇の藩に分割して統治していたが、この制度においても律令期の国郡制を無視していたのではなく、むしろそれに依拠しながら藩などの境域を決めていたから、日本文明の骨格としての地域的構造はほとんど変化することがなかったといえる。

2　地域文化と盆地世界

しかし、現実に文化の視点に立って、日本列島における地域文化のあり方にせまろうとすると、国＝府県域のレベルよりもう一段細かい地域空間に注目する必要がある。現在の府県域の下部単位としては市町村制度があるが、律令時代に定められた国の下には郡と里が置かれていた。これも時代によっていろいろ変遷があったが、そのことは本論の主旨とあまり関係がないのでここでは触れないでおく。

延喜式では郡の数は全国で五九〇を数え、郡の下には里が定められたという。六六国二島で五九〇郡であるから、一国（二島も含めて）の平均郡数は九郡弱である。これはあくまで平均の数値であるが、多くの国は一〇前後の郡に分かれていた。律令初期には郡には郡司が任命され、五〇戸を単位に里を定め里長をおいたという。

しかしこうした郡里制は、時代によって様々な変遷に直面し、境域の越境や変更が繰り返された。そのため、国の下部におかれていた郡や里（後に郷も用いられた）が、政治や経済や文化の単位として具体的にどのように機能していたのかを明確にすることはかなり困難である。その後の歴史を振り返って考えれば、政治や経済や文化の単位としては、郡や里よりもむしろ米山俊直のいう盆地世界という自然的社会的空間が注目される［米山］。

古来、わが国の統治は盆地平野を基盤にしてきたといっても過言ではない。武士団が形成される以前の時代にあっても、律令のスタートとなった大和政権はいうまでもなく、奈良盆地を基盤としていたし、その後、京都盆地は日本の古代国家における統治の基礎となった。古代から拡大を続けてきた水田開発は内陸各地の盆地平野へと拡がり、そうした内陸の開拓と武士団の形成・拡大とが平行して進行し、その最終的な構図が徳川政権下の幕藩体制であったといえる。

藩政時代の藩は一つの「国」としての機能をもっていた。幕府を頂点とする全国的な統一政体のもとにはあったけれども、一方で藩は政治的・経済的に独立性をもった組織体でもあった。したがって藩の中心である城下は、藩における政治的機能の中枢であるとともに、経済や文化、教育の中心地でもあり、いわば藩という「国」の首都性をもった都市であった。わが国の藩政時代には、こうした首都性をもった大小の都市が全国に二六〇近く存在していたのである。

こうした各藩の政治や慣習は地域の伝統や独自の政治的・経済的特性に基づいて運営されていたので、藩ごとに文化（あるいは慣習）がかなり異なるという一面があった。このような藩ごとに異なる文化が形成されてきた背景として、しばしば山稜や大きな河川などの自然的障壁があげられるが、こうした自然的障壁は現実には政治領域の境界とも重なっているので、藩領ごとに異なる文化が形成されてきた背景は、基本的には山稜に囲まれた盆地空間という自然領域であり同時に政治領域でもあると考えてよい。

3　地域文化の最小単位は村落社会

このように盆地世界という空間を背景に、藩という政治領域が地域文化の枠組みを形成してきたとしても、この地域文化はあくまでも米山の言う社会的文化的統合の一つのレベルであって、地域文化を維持し継承するのはその下部にあるより小さい単位に求めなければならない。わが国の地域文化の場合は、その基盤が村落（ムラ）社会にあったことは明白であろう。藩政時代の村落社会は、何よりも生産の場として、藩領や直轄領などのもとに細かく武家支配が及んでいた。とくに村落社会の人口は生産活動の基礎であったから、その移動には厳しい制限が加えられていた。

それは結果として村落社会の構成員の固定化につながり、同時に他の村落との交流が著しく制約される結果となったことは当然であった。その結果、村落社会ごとに慣習的取り決めや決まった祀りごとが定着していった。またこうした各村落の慣習に武家支配が様々に干渉したため、各支配領域つまり各藩ごとに異なった慣習が成立することにもなった。これらが年月をへるうちに、地域の人々が伝承し後世へと伝える地域文化として受けとめられるようになったのである。

このように藩政時代には、構成員が固定され、そのメンバーのあいだで生産活動を前提とする様々な慣習を共有する、共同体としての村落社会が成立し、地域文化の最小単位となった。このような村落レベルでの慣習は同時に人々の価値観を規定する規範でもあった。つまり固定された構成員のあいだで共有される慣習というものは、もはやそこからの逸脱は許されるものではなく、メンバーとして守るべき規範と位置づけられるのである。

その意味においては、こうした村落社会で維持伝承される慣習や表象は、あえて地域文化と見なされる必要もなかった。人々にとってこれらは自分たちの文化であり、他の誰の文化でもなく、それを守り伝えることが自分たちの役割と認識されていた。そこでは文化は自分たちの価値そのものであり、自分たちの役割を規定するものであり、その意味するところからは逸脱せず、それにしたがって行動すればおのずから社会的（共同体内における）責任が果たせる規範であった。

したがって、藩政時代の村落社会レベルにおける文化の機能はきわめて明白である。そこに見い出されるのは、人と文化の一体性である。彼らの村落社会での文化とは、彼らの生き方そのものであるということができる。また別の表現を求めるとすれば、人々の生き方そのものが文化を体現したものであり、もしもそうでなければ一人前の人として生きてはゆけないものである。

第二節　明治維新がもたらしたもの

1　明治の大改革と廃藩置県

徳川期の幕藩体制下における、共同体的（村落）社会を基盤にした人と文化の一体的な構造、そうした村落をいくつも包含しつつ盆地世界を単位に「藩」という政治的文化的統合、藩の首都ともいえる城下を結んだ水陸の交通網の発達、そうした全国的交通網を束ねた三都の発展は、日本列島を当時なりに津津浦々まで結び合わせた、いわばネットワーク型の国土構造を形成していた。

こうした藩政時代の仕組が大きく変化するのは、いうまでもなく明治維新とその後の近代日本のあゆみである。とりわけ明治政府は、欧米諸国に倣いながら日本の近代国家への変革を目標とする大変革を行った。それは周知のように、政治、経済、生活、文化のすべての分野に及ぶ大改革であった。本稿は地域文化をテーマとしているので、それに焦点を合わせて論点を整理しておく。

明治政府の大改革は、地域文化の面から見ると、次の三つの大きな変革事業が重要であろう。第一は、廃藩置県による地方制度の変革事業である。第二は、西洋モデルによる全国的な文教政策事業である。第三は、日本の産業化を目指した殖産興業振興事業である。他にもその後の日本社会の変化を考えると重要な事業は多々見られるが、ここでは地域文化というテーマに関わる論点を明確にするために、上記の三点に論点を絞って述べることにする。

第一の地方制度の改革についてはもはや多くの解説をする必要もないであろう。幕藩体制下における二六〇ほどの藩を廃し、今日の都道府県制の基礎となる府県制を敷いた。幾多の変遷はあったにしても、この府県制の境域的基盤が古代律令期の国の境域を意識的に継承してきたことはすでに述べたとおりである。この廃藩置県の結果、次の二つの点に留意する必要があろう。一つは幕府という統合的政府があったとはいえ、各藩は政治、経済、文化など、あらゆる面で独立性を持った政治統合体であり、今日いうところの分権的統治体制を実現していたのであるが、それが廃止されたことにより、中央集権的統治体制が近代日本の統治体制として確立したのであった。

この中央集権的統治は日本列島に中央と地方という構造を生み出した。今日、様々な側面で中央と地方の軋轢が論じられているが、それは近代日本の統治制度が潜在的に内包してきた問題であろう。もっともこうした変化はすぐに顕在化するはずもないから、明治期にはまだまだ地方の独自性が全体として認識され、また現実にいろいろな形で維持されていたが、時代を経るにしたがって中央と地方という構図がより鮮明に人々の意識を規定してきたといえる。

しかし一面では、人々の移動・移住が自由になった。いうまでもなく藩政時代には、とくに農民の移動・移住は厳しく制限されていた。農民人口は何よりも当時の生産基盤そのものであったので、その移動・移住に制限が加えられたことは容易に想像できる。廃藩置県はそうした農民層の移動・移住の制限を取り払う結果となった。これによって、まず共同体的（村落）社会の原理が徐々に崩れていくことになる。共同体社会の原理は、何よりも人々の移動・移住が制限され、社会を構成するメンバーが固定的であることであった。この原理が廃藩によって崩れることになったのである。地域文化のその後の変貌を考えるうえで、こうした人々の移動・移住の自由が保障されてことはきわめて重要である。

2　文化の二重構造と画一化

第二の西洋モデルによる全国的な文教政策事業であるが、本稿のテーマである近代日本における地域文化の変容という課題にとっては、この事業は限りなく大きな意味を持つ。明治政府が西洋の学術・芸術や科学技術およびそれに関わる諸制度を全面的に導入したことはよく知られているが、その際に藩政時代の学術・芸術やそれらに関わる諸制度をすべて否定的に捉えていた点に留意すべきであろう。

まず教育体系であるが、よく知られているように藩政時代には、各藩には藩校がおかれて武士の子弟を中心にいわば高等教育がなされていた。すでに述べたように、城下は首都機能をもつ都市でもあったので、藩校はその意味でも首都機能の一翼を担う教育機関であった。また農民や商人層にあっても初等教育機関として各地に寺子屋が開かれていたことはよく知られている。このように藩政時代にはすでに一定の教育体系が成立していたのであるが、明治政府はこれらの制度を顧みることなくまったく西洋モデルの新しい制度を構築し、いくつかの変遷をへながらも今日にいたっているのである。

例えば初等教育においては、国語としての日本語が全国で統一的に教えられることになった。藩政時代における各地の言語生活は地方によりかなり差異があったと考えられるが、それが国語によって統一されていくのである。また新たに小学校から西洋音階による音楽（唱歌）を学ぶことになった。近代国家を目指した国民教育は、こうして西洋モデル型の教育体制を作り上げていくことになった。

高等教育においても、まったく新たに大学と（旧）高等学校が各地におかれた。その教育体系は、もちろん歴史や漢文があったとはいえ、多くの教科は基本的には西洋の科学・学術を手本にしたものであった。明治初期の高等教育の担い手の多くが欧米への留学者であったのは、当然であったといえよう。藩政時代の藩校の多くはその校名が中等教育機関（具体的には旧制中学校）へと継承されたが、もちろん教育内容は一新された新体系であった。

こうした教育改革の一方で、明治政府は芸術の概念についても西洋の芸術（ＡＲＴ）概念をほとんどそのまま導入した。また同時に文化の概念については、当時のドイツにおいて支配的であった「精神性の高い」文化という考え方を支持し、西洋の芸術をもって「精神性の高い」文化とする考え方を普及したのであった。こうした考え方は当時の高等教育を受ける青年層に強く支持され、知識階層の形成と深く結びついた「教養」という概念とともに近代日本における独特の文化状況を生み出した。

こうした流れのなかで、徳川期に三都をはじめ全国の都市や町あるいは農村で育まれた芸能や芸術については、基本的には封建時代のものとして、政府は政策的に何ら顧みることなく、民衆の娯楽的なものとして関与することはなかった。長く国立の唯一の芸術家育成機関であった現在の東京芸術大学においても、長い間、日本画以外の学科はすべて西洋の芸術から構成されていた。

このような経緯から、明治以降、次第に日本文化の二重構造が形成されていった。すなわち、

- 官・公教育＝西洋型文化・芸術
- 庶民・伝承＝伝統的文化・芸術

という構図である。知らず知らずのうちに日本社会に拡がったこの構造は、文化の概念をめぐって日本独特の風土を作り上げたと言ってもよい。とくに公教育の影響は大きく、政府機関や高等教育が集

中した東京と地方の格差が生まれ、文化における中央と地方の格差が現実化することになった。第二次大戦後の高度成長のなかで、東京一極集中が大きく取り上げられることになったが、この現象の芽はすでに近代日本のはじまりの時点において内包されていたといってよいであろう。

また同時に全国の高等教育機関などが立地する都市とその他の町や農村地帯との文化的格差も生まれ、次第にそれらが拡大する方向にすすんだ。このような動きのなかで、藩政時代から維持伝承されてきた各地の地域文化がどのような変化に直面したかは容易に想像できる。学校教育が普及すればするほど、共同体社会の内部における文化をめぐる亀裂は深まったのであった。

3　向都離村と産業都市の発達

明治政府の改革事業の第三は殖産興業振興事業である。明治政府としては産業革命を推進することは自明の使命であった。その結果、周知のとおり、わが国は産業革命に成功し、みごとに産業国家への変貌を遂げた。この過程で見過ごすことができない現象は、全国に新たに産業活動を基盤とした産業都市が生まれ、それ以前の藩政時代の城下の原理とはまったく異なる都市化が全国的に進展したことであった。産業を基盤とした都市化が進むと人口の農村から都市への移動が急激に起こった。廃藩置県によって旧来の農民の移動に対する厳しい制限が解かれ、移動の自由が実現したことが、農村人口の都市への移動を一段とうながす結果となった。

こうした産業都市の発達と人口の向都離村現象は、あらためて言うまでもなく、農山村における共同体社会の人口流出をまねき、村落的基盤を前提にしていた共同体社会そのものが成立する条件を喪失することになった。理念的に固定したメンバーシップを前提にした各地の共同体社会はメンバーの欠落を体験し、共同体のもつ仕組みが徐々に崩れ変貌する現実に直面したのである。かくしてメンバーの欠落した共同体社会は、人々が自明のものとしていた自らと一体的な文化をもはや維持することが困難になる現実を受け入れざるを得なかった。

また一方農山村から都市へ移住した人にとっても、もはやそこには村落的基盤のうえに成り立っていた自らの自明の文化を確かめる余地すらなかった。都市社会にあっても、藩政時代には職階集団や近隣集団を基盤とした共同体的集団が認められたが、都市社会は本質的に様々な異質な活動からなる複合的な社会であり、同質的な村落社会とはまったく異なる文化を発達させていた。さらには新たに産業活動を興した明治以降の都市社会では、農山村からの流入人口が産業活動に従事する様々な職種の管理者や労働者に再編成され、変化の著しい都市社会に組み込まれていった。

第三節　高度経済成長期の変容

1　明治国家政策の完成期

歴史に先んじて産業革命を実現した西洋諸国をモデルとする明治政府の改革は、府県制のうえに立った中央集権的統治体系、小学校から大学までにいたる教育体系、産業振興による殖産興業経済体系として、明治・大正期を通じて総人口の増加など順調に発展・推移した。しかし昭和初期には世界的っては過酷な時期が続いた。

敗戦というかたちで昭和二〇年を迎えた後、戦後の復興という目標のなかで、日本社会は再び明治型国家政策の実現・完成を結果的に目指すことになった。新憲法のもと、平和日本、文化国家日本が唱えられたが、国家そして国民が力を注いだのは結局は経済復興であり、それはみごとに高度経済成長という高まりを形成した。そしてこの高度経済成長は、単に日本の産業経済が大いに復興したという意義以上に、日本社会が高度産業社会へと変貌を遂げたという、日本文明史的意義をもつものであった。この意味において、明治の国家政策はほぼ一世紀をへて、戦後の高度経済成長期に完成したということができる。同時にそれは旧来の地域文化の完全な崩壊をも意味したのであった。

高度経済成長のもたらした経済社会的意義については今さら述べるまでもないであろう。国民生活にとっては、所得倍増をはじめ生活水準の向上に大きく寄与したことは言うまでもない。七〇年代の二度のオイルショックを通じて、日本経済は製造業分野を中心により効率性を高め、八〇年代にはいると国民の所得水準は世界一となり、経済大国論まで標榜されことはまだ記憶にあたらしい。

こうした経済の高度成長は、産業活動の拡大を通じて膨大な人口の向都離村をうながし、都市の急激な拡大をもたらした。もちろん明治以来、全国的に都市化は進んでいたけれども、高度経済成長期の都市化の進展は集団就職などの慣行が示したように爆発的な現象であった。そしてその裏返しとして農山村の過疎化現象が社会問題として浮上したのであった。

人口の都市化は、一面では、給与生活者世帯いわゆるサラリーマン家庭の増大を示している。高度経済成長がはじまった一九五五（昭和三〇）年において、日本人の給与生活者世帯は全体のちょうど五〇%であった。この年以降に一五年にわたる高度成長が続くので、これ以降は日本社会はサラリーマン家庭中心社会に移行したのである。五五年はその転換点であった。

サラリーマン家庭中心社会となると、日本社会全体における家庭のモデルが、これまでの農村型の生業をもつ家庭モデルから都市型のサラリーマン家庭モデルへと移り変わった。おりしも、サラリーマン家庭では結婚による新居住が一般化し、夫婦と子どもから構成される核家族化がすすんだ。また所得水準の向上により、家庭電化が普及し、食卓のテーブル化などにみる新しい住宅様式が一般化した。さらにはテレビ、ビデオ、電話など、音響、映像、通信など、人々の情報伝達にかかわる機器の発達も著しく、人々の生活や文化に計り知れないほどの大きな影響をもたらした。

また高度成長期以降、鉄道の電化や新幹線の普及、道路の舗装と高速自動車道の整備、航空化など、交通機関の発達も著しくすすみ、人々の移動や交流の拡大に大きく貢献した。明治の廃藩置県によって移動を制限する制度的枠組みは除かれたものの、移動の手段の発達と普及は結局は高度経済成長の時代まで待たねばならなかったのである。言い替えれば、こうした交通手段の発達によって人々の移動の自由を保障してはじめて、明治の廃藩置県は完成したともいえるのである。

2　人と文化の一体性の崩壊

明治以来の国家政策であった殖産興業の振興が高度経済成長によってひとつの完成を見せたことは、同時に藩政時代にほぼ成熟段階にあった地域文化の完全な崩壊を意味している。村落を基盤とした共同体的社会は、本来的には人々にとって自明のものであった文化をほぼ完全に喪失した。国語の普及により独特の方言や言いまわしは忘れられ、人口の減少によって長く伝承されてきた芸能や儀礼は不可能となり、たび重なる生活の変化にともなって身の回りの暮らしを彩っていた多くのものが喪失していった。

そうした変化につけ入るかのように、音響や映像機器が発達し普及したことは、歴史の皮肉のようにも思われる。音響や映像のもたらしたものは、本来は神や人々にとって一回限りのものである芸能や儀礼を再生可能にしたのである。芸能や儀礼の多くは祭事と結びついていて、神に捧げたり神とともに舞ったりするもので、人々にとってはそれはその場での一回性のものであった。その維持が困難になってきた時に、それを何度も再生してみることが可能になる機器がもたらされたというわけである。

またおもに学校教育を通じて、西洋の芸術概念をはじめとする西洋の諸文化がもたらされたことはすでにみたとおりであるが、経済の高度成長期には新らしい形で映画や音楽に代表される西洋の大衆的芸術文化がもたらされ、大都市の若い勤労者階層を中心に広く受け入れられた。それとともに、藩政時代に栄え、明治以降も綿々と続いてきた伝統的芸能文化が衰退の危機にみまわれた。とくに産業都市を誇った大阪では、昭和三〇年代半ばという高度経済成長の真っただなかにおいて、文楽や歌舞伎が撤退するという事態まで招じたのであった。それは、あたかも村落社会における自明の文化の衰退と軌を一にする現象であったと言えよう。いずれにせよ、ここにおいて人々が自ら自明であると考えた文化はもはや自明ではなく、人と文化の一体性は完全に崩れ去ったのである。

3　地域文化への希求

しかし人は文化なくして生きられない生き物である。こうした自明の文化の崩壊が現実化するにつれて、新たに文化への希求のエネルギーが燃え上がる。経済の高度成長期は、人と一体であった自明の文化の崩壊と同時に新しい文化を求め創造をはじめた時代でもあった。

国家レベルにおいては文化庁が一九六八（昭和四三）年に設置され、明治以来はじめて国家機関として正式に芸術・文化を所管する官庁が設けられた。地方にあっては、高度経済成長のさなかに地域づくりという文化復興運動が始まった。当時、地域おこしとか村おこしと呼ばれた地域づくりは、その運動の意図とは関わりなく結果的に文化復興運動につながっていったことは、今日の地域文化の問題点を考える上で興味深い点である。

というのは、当時の村おこし先進事例として喧伝された成功事例は、大分県・湯布院や富山県・利賀村のようにいずれも山間の僻村の地域づくりであった。これらの地域は高度経済成長の恩恵に浴する機会のきわめて乏しい地域であった。高度経済成長というものは基本的に産業の拡大成長が原点にあり、当時の一般的な地域づくりといえば、それは拡大する産業の地域への（工場）誘致であった。産業の誘致には、土地や労働力のほか消費地（大都市）への交通の便が不可欠であったから、山間の僻地がそうした恩恵を得る機会はまずなかった。さらには人口の流出で過疎状態になりつつあったから、とても産業を誘致するなどという議論もなかった。

湯布院の例では、当初は川下にダムを造る計画があって、村は水没・移転を余儀なくされる状態であったと聞く。こうした地域が地域づくりに取り組むとしたら、当然のことながら産業以外の資源を考えねばならない。湯布院では地元の人々を中心に映画祭をはじめ新しいイベントを立ち上げたという。そして、いくつかのイベントが定着しはじめた頃に、本格的な地域づくりのあり方を地域ぐるみで議論し、その方向性を模索している。こうした新たな地域づくりの戦略は、もはや産業誘致路線ではなく、新たな文化創造路線とでも呼ぶべきものであった。

富山県の利賀村も同様である。文字どおりの山間の僻村である利賀村の場合は、過疎化した集落において演劇の場を求めていた早稲田小劇場の活動と結びつくかたちで、地域づくりがすすめられた。空き家の利用、手作りの劇場空間、村人の参加、行政の支援などが相乗的に活動をすすめ、国際演劇祭を軸とした村おこしがはじまったのである。これも新たな文化創造路線である。

当時、喧伝された先進事例に、愛知県・足助町の地域おこしがある。足助町の場合は、とくに僻村という環境にはなく、むしろ自動車メーカーの企業城下町である豊田市の後背地域に属し、地域の人々のサラリーマン化がいちはやく進んだといわれているほどである。ある意味で、高度経済成長の直撃を受けた地域とでも言えるかも知れない。崩壊する自明の文化を目の当たりにして、かつての交易路に発達した地域文化を復興する試みがなされたのであった。しかしそこで試みられたのは、行政と地域住民（とくに高齢者住民）との協働というきわめて今日的な方法であった。

4　文化行政の進展と地域文化

六〇年代末に始まったこれらの地域づくりの先進事例は、明らかに新たな文化創造運動として展開した。地域が経済資源に恵まれないがゆえの文化創造運動や逆に経済成長に飲み込まれる地域の変貌から生まれた新しい文化再興が、高度経済成長が続く日本社会に新しい流れを生み出した。これらの運動が発火点となって、高度経済成長後の「地方の時代」や「文化の時代」のかけ声とともに、全国に定着していく文化行政の発展へつながるのである。

七〇年代における全国の文化行政はまだ啓発事業段階であった例が多かったように思われるが、八〇年に神戸で開催されたポートピア博覧会の成功が刺激となって、八〇年代を通じて地方博覧会が全国的ブームとなった。ピーク時には年間三〇を超す大小の博覧会が全国で開催された。この地方博覧会は、そもそも博覧会という文化イベントであったことに加えて、博覧会を一過性の単なるイベントに終わらせるのではなく、博覧会の開催を通じて地域の再開発や跡地・施設利用を十分に考えて計画を進めることが望ましいとの議論が高まり、その結果、博覧会の開催後には各地に文化やスポーツのための施設や公園といった広い意味での文化的施設が整備されていくことになったのである。

こうした文化創造型の地域づくりの流れは、文化行政を核にしながら一気に行政主導の地域づくりとして全国に拡がることになった。八〇年代の地域づくりは、文化行政の発展とあい呼応した、行政主導ですすめられた運動であった点に特色がある。もっともこの点は行政の側にも潜在的なニーズがあったと見るべきであろう。すなわちこの時点における行政は、明治以来、幾多の制度の変遷をへながら合併を続けて今日にいたっており、したがって多くの市町村は合併を通じて政治的に構成されてきたにすぎず、構成する人口による内発的な社会的・文化的共同意識があまり育っていないのである。なおかつ今日の行政体は藩政時代のような強い統治力を持たず、住民の生活圏も個人の事情に合わせてきわめて自由に営まれているため、住民の行政体に対する帰属意識がきわめて希薄になってきている。

行政体としては、希薄になっている住民の帰属意識を高めるために、何か適切な手段を講じる必要性があった。それが地域づくりであり、文化行政を通じての文化振興であった。このような八〇年代の文化行政を核とした地域づくりは、高度経済成長期の先進的村おこしの事例とは本質的に異なったものであった。先進的村おこしの場合は、地域住民の自発的な先駆的活動が発端になっており、それがある程度まで地域に定着した後、行政も加わるかたちで本格的な地域づくりを目論んだのである。行政が地域づくりに加わるときには、すでに住民の間に一定のコンセンサスが形成されているのである。しかし、八〇年代以降の文化行政の発展に便乗した地域づくりは、住民の帰属意識を高めるという目的のための手段になってしまっていたのである。

5　地域文化はいまや創造するもの

こうして高度経済成長のさ中から、新たな文化を希求する運動が様々に展開した。今日、広く地域文化と呼ばれるものは、ほとんど高度経済成長以後の地域をめぐる様々な活動の中から生まれたものと考えてよい。すでに述べたように、本来的に人と一体性を持つ自明の文化においては、「地域」文化である必要もなく、それはただ自らの文化として意識されるものであった。しかし、そうした自明の文化が崩壊した後に意識されるようになった「地域」の文化は、もはや自明の文化とはまったく違うものであると考えねばならない。

自らの自明の文化が崩壊した後、自らの存在を相対化せざるを得ず、意識的であろうとまた無意識であろうと、人は直面する様々な場において自分の文化は何なのかを問わざるを得なくなった。文化への希求はそうした問いかけから生まれる。その結果、人は自分の文化はこういうものではないだろうかと試行を繰り返し、徐々に文化は自らが創造し生産するものとなったのである。

多くの地域おこし、地域づくりの事例の中には、過去の文化事象を掘り起こし、また地域出身の英雄を発掘する試みなどが行われているが、それらは地域にゆかりがあるというだけであって、過去に共同体的社会が継承してきた自明の文化の文脈とはおよそかけ離れた価値観によって支えられた文化事象であると言わざるを得ない。

たとえば「伝統」という考えがあるが、これも「地域」と同じであって、自明の文化が崩壊する中で創造されたものである。伝統といえば、過去から現在まで変わることなくその社会で継承されてきた不変のものと考えられがちであるが、もしも本来的にそうであるなら、それを何も伝統と呼ぶ必要がないはずである。すでに繰り返し述べたように、それは自分の文化であると意識するだけで十分である。わざわざ自らの伝統を他者に伝えねばならないということは、すでにそれは創られたものであることを意味する。近代日本の地域文化はすでにそういうものであると考えておかねばならない。国民文化の普及や生活や社会の変遷の中で、自分の文化は何かを問い続け、自己の拠りどころとして創造した文化が他者に対する自らの「伝統」となるのである。

第四節　地域文化の現状とその課題

1　揺れ動く地域アイデンティティ

今日、地域の新たなアイデンティティづくりに腐心しているのは、何も農山村や町にかぎらない。近代日本の首都を誇ってきた東京にしても、また千年の都と謳われる旧首都の京都にしても、都市としてのアイデンティティづくりが様々なかたちで求められている。

たとえば京都の場合は、日本の古都として今日でも広くナショナル・アイデンティティの対象である。すなわち「京都」は日本を代表する名称であり、日本人のみならず海外の人々からも日本をイメージする際の代表的な名称の一つと、自他ともに認められてきた。そのことが逆に、今日の京都のまちづくりの方向性に大きな制約を与えているともいえる。今日の京都は日本を代表する都市の一つにはちがいないが、近代日本の形成過程において明らかにその相対的地位は低下しており、まちづくりの将来像については実に様々な意見が交わされ提言もされている。その現状を見ると、いかに現代都市のアイデンティティの形成が難しい事業であるかがうかがえる。

アイデンティティの形成に腐心しているのは都市や町村ばかりではない。全国の都道府県でも同様である。例えば北海道においては、いわゆる県民性に当たる道民性の議論が盛んであるという。周知のとおり、北海道では人口のほとんどが明治以降に本州各地から移住した人々によって構成されてきたという歴史があり、そうした人々による「どさんこ」と呼ばれる北海道性の形成過程こそがアイデンティティの原点になるというわけである。そうした北海道の独自性への模索は、一九二〇、三〇年代から始まったという。また第二次大戦後の経済的重視論、内国植民地論、「ジャンボジェットの後輪」論など、北海道の経済的位置づけをめぐる議論も北海道のアイデンティティ形成の大きな影響をもたらしている。

また近年では北海道における札幌への一極集中が著しく、このことも北海道のアイデンティティのあり方に一石を投じているようである。札幌にかぎらず北海道の諸都市は、アメリカの内陸都市をモデルにした計画的都市であり、その点では古代の奈良（平城京）や京都（平安京）に比すべき計画都市であり、その発展のあり方は日本文明史の視点からも興味深い。

このような府県レベルにおける地域性の議論は、全国いたるところで展開されている。県民性の議論が衰えないはずであるが、あらためて言うまでもなく県の概念は明治以降のことであるから、厳密にいうと県民性の議論は明治以降の地域性の話しかということになるが、実際はそうではないことは明らかである。明治の置県がしかれる以前の地域の営みの方が、はるかに時間の経過が長いのである。例えば高知県では、県民性の議論において高知県人か土佐人かが問われるという。高知県の律令期以来の旧国名が土佐であることはよく知られているが、中世から幕藩制の時代を通じて土佐一国の統治はほとんど変わることなく受け継がれて、置県にあたっても土佐の山内藩領がそのまま高知県になったという経緯がある。そうなると、時間的蓄積からすれば土佐としての蓄積の方がはるかに長いから、たかだか一〇〇年ちょっとの高知県民性よりは土佐人気質が唱えられるのも当然かとも思われる。そうした土佐人気質は「いごっそう」として広く知られているところである。

平野が少なく四国山脈が太平洋に直面したその風土から、幕末の坂本龍馬に代表される下級武士の活躍や明治の自由民権運動など、日本近代史を彩った人物を輩出した「いごっそう」も、現代はそのアイデンティティの発露に苦しんでいるという。お決まりの過疎、人口流出、人材不足に悩まされ、産業活動も不振で社会資本の整備にも遅れが目立つという。日本列島の諸活動が山陽・東海道ベルトというわゆる第一国土軸（グランドデザインの西日本国土軸）に集中している現状では、どうしてもその方向に諸活動が吸引されるのは否定しがたいところである。交流や移動が地域活動をリードする現代では、「いごっそう」の地理的位置は大きな障害になっているのかも知れない。

2　模索する地域づくりと地域文化

また一方、全国各地の地域づくりに目を向けると、実に多様な地域づくりや文化創造が見受けられる。近年、目立って多いのは、やはり過去にその地域で盛んであった芸能や祭事あるいはそれにともなう施設などを再興する例である。すでに見たように、藩政時代においては城下は藩という「国」の首都であったから、そこには様々な文化・芸術が江戸や京・大坂から持ち込まれ、地域の色合いのなかで育まれた。それらはまた城下の周辺の村々にまで広められ、農村舞台として農村歌舞伎や浄瑠璃、人形芝居などが農村の人々の手で継承されていた。こうしたおもに藩政時代にさかのぼった芸能や祭事を再興し、その保存活動を通じて地域づくりを進めようとする運動が多々見られる。

地域の文化資源としては文化財は動かぬ資源である。近年ではとくに先史・古代の遺跡も地域づくりの資源として大いに活用されている。最近の著名な例では、青森県の三内丸山遺跡と佐賀県の吉野ケ里遺跡であろうか。いずれも県を挙げての保存と発掘・研究が進み、かつ近年の遺跡の活用の考え方の普及にともなって、広く一般にも親しみやすい遺跡公園づくりを核としている。こうした大型の遺跡保存は歴史・考古学ファンを中心としたボランティア活動によって広く市民・県民を巻き込んだ運動にもなっているので、地域アイデンティティの形成としては注目すべき成果を上げているといえるかも知れない。

また、その地域が輩出した過去の人物の業績を発掘しその意義を問い直し、その人物の顕彰を通じて地域の人々のアイデンティティを高める試みも多い。ただ、この運動の場合はどうしても行政主導で行われる傾向にあること、広く公開するための資料等の提供にあたってその家族や縁者などの権利やプライバシーに関わる諸問題が発生することなどにより、十分にその意図を展開することが困難な場合も見られる。とくに著名人の場合は、出身地のみならずその生涯における活動に何らかの関わりのある地域がそれぞれに記念・顕彰を試みる例があり、その結果かえってアイデンティティづくりが分散化してしまっている。

近代日本における様々なアイデンティティ論の多くが、西欧という他者を介しての自己確認であったことは明らかであり、このことに大いに貢献したのは西洋の文化・芸術をモデルとした明治以来の文教政策であったことはすでに述べたとおりである。こうした傾向は、地域におけるアイデンティティ形成においても今日なお一般的に見られることはいうまでもない。地域づくりの一環としてしばしば見られる姉妹都市提携事業において、欧米の諸都市が必ずといってよいほど挙げられているのもその例である。

また地域づくりそのもののモデルを欧米に求める例も多い。兵庫県の丹波地域は、かねてから森づくりをシンボルとした地域づくりを進めてきたことで知られる。里山の再生を柱とした「丹波の森」づくりである。この森づくりのアイデンティティを高めるために欧米にモデルが求められ、「ウィーンの森」がそのシンボルとして選ばれた。丹波地域は今「ウィーンの森」と提携し交流を深めるなかで「丹波の森」づくりを進めており、その一環として行われる「シューベルティアーデ・たんば」と名づけられた文化・芸術事業もまもなく一〇年になろうとしている。

千葉県の館山市では、市の生涯学習の推進のため公園内にイギリスの文豪シェイクスピアの生家を復元しているという。このような例は全国でかなり見られる傾向であり、最近ではグローバル化の影響によって必ずしも欧米にモデルを求めない、多様なエスニック文化をモデルにする例もある。なかでも多いのはアジア系の音楽や芸能を愛好するグループの活動や、アジア系の民族文化を扱った博物館（アジア文化博物館、モンゴル博物館など）施設などで、これらは今後ますます増えることが予想され、全国でどのような活動が成立しているのか判別が困難になりつつあるほどである。

3　地域文化をめぐる新たな状況

こうして全国各地に、これまでのように欧米指向でないエスニック文化をモデルとした文化・芸術活動や施設づくりがすすんでいる背景には、八〇年代の半ばから急激に進展しはじめたグローバル化の影響があることは間違いない。最近では全国のどんな小さな町や村にも外国人の居住が見られ、そうした外国人居住の多い大都市圏周辺では、外国人市民・県民といった表現すら当たり前のことになってきている。

もっともこれらも法的規制に基づいた表現であって、近隣に住む人であれば外国人であろうとそうでなかろうと、隣人にかわりはない。問題はコミュニケーションである。同じ日本人の間でも、最近では年齢や考え方によってコミュニケーションが難しいことがしばしば体験される。ましてや言葉や風俗習慣がちがう人となれば、相手の人権や文化を尊重してのコミュニケーションには一定の技術を要することになる。そのような異なる文化をもつ人とのコミュニケーションの技術を持つ社会を多文化社会とか多文化コミュニティという。今まさに日本は徐々に多文化社会へと向かいつつあるといえよう。

異なる文化をもつ人とのコミュニケーションの技術において注目されるのは、何といっても言葉の習得と文化交流である。言葉の習得は時間もかかるしそう簡単なことではないことは当然である。その点、文化交流の方は食文化の交流とか音楽・芸能の交流など、比較的簡便な交流も可能であり、それなりの効果も期待できる。互いの音楽や芸能を習い、ともに演じることができるようになれば、コミュニケーションとしては一応の成功であろう。多文化社会はこのような技術を前提にした日常性を築くことが求められる。そのためには市民意識の高揚も重要な要素となる。

九〇年代のわが国社会は大きな変化を経験したように思う。それは市民意識の形成とでも言うべき、新たな公的意識の芽生えとその活動の成長である。わが国社会では、これまで公共といえばそれはほとんど行政のすることであるとの認識が一般的であったが、高度経済成長以後、七〇年代から八〇年代へと様々な経緯をへてどうやら新たな市民意識が醸成されてきたかのようである。九〇年代に入って急激に市民活動が目立つようになり、ボランティア活動やＮＰＯ、ＮＧＯといった市民活動に積極的に参加する人が増え、これまでのように公共的なことは行政にまかせるというのではなく、市民の側においても納得のいく状態がむしろ公共的なのではないかとの考え方が広まってきた。新しい公共の考え方が生まれてきたのである。

その背景には、市民生活の成熟もさることながら様々なレベルの環境問題や先ほど述べた多文化社会の進展がある。新しい公共とは、市民としてどのように納得のいく生活環境を創りだすかということである。それには自分たちの狭い価値観の範囲だけではもはや解決できない事柄があまりに多く複雑になってきたという事情がある。文化的アイデンティティといっても、自分たちだけが納得してそれでよいという保証はどこにも存在せず、少なくとも最小のコミュニティのコンセンサスが求められることが多くなっているのである。このような状況のなかでは多くの人々のコンセンサスを得るアイデンティティの形成はきわめて困難な課題であると言わざるを得ないのである。

むすびにかえて

一見してとらえどころがないように見える今日のわが国の地域文化は、どのような位置にありこれからどのように変化するのであろうか。たしかに地域に伝承された文化事象があるかと思えば、文化行政の成果ともいうべき芸術文化の様々な施設や活動もある。欧米の文化事象がモデルになっている例もあれば、エスニックな文化が受容されている場合もある。地域づくりや地域文化は実に多様であり多彩である。これをどう見ればよいのだろうか

また様々なメディアが発達している現代では、テレビや他のメディアを通じて流れる事象も重要な

地域文化の構成要素となっていることは否定できない。また人々の移動も現代ではとても自由で広範囲になっているので、はたして地域文化はその対象となる地域内の現象でなければならないと言えるのかどうか、かなり議論を呼びそうである。

現代のように様々なメディアを通じてグローバル化、ボーダーレス化が進むと、一つひとつの文化事象は簡単に「地域」越えることになる。方言などのように本来は「地域」に住む人々と一体化しているような文化事象すらも、テレビドラマや他のメディアを通じて「地域」を越えるのである。またメディアに依存しなくても、今日のように移動や交流が容易になると、文化を保持しまた発露する主体である人そのものが「地域」と関わりのない空間での生活時間が長くなる傾向にある。それは文化が「地域」を越えているともいえるが、同時にそれは「地域」文化の主体が他の文化と触れあい吸収するという意味において、異文化の導入とも言うことができる。人はもはや自己の「地域」文化の担い手のみならず、異なる文化や新しい文化の運び手であり導き手でもあるといえる。

その結果もたらされたものは、実に多様な地域文化の創造の諸相である。創造の素材は古今東西のあらゆる資源が取り入れられている（図参照）。地域文化の創造をめぐるアイデンティティの模索の状況はエネルギッシュですらある。こうした地域づくりに向けたエネルギーを考えると、地域文化の創造を模索する今の状況こそが、地域文化の常態なのではないだろうかと考えられる。

たしかにもはや現代の生活とはほとんどつながりを見い出しえない過去の文化事象や何らかの縁でモデルとなった欧米の文化事象を見ると、そこではある種の引き裂かれたアイデンティティの姿を想起する。しかしひるがえって日本の歴史をひもとく時、日本人のアイデンティティは常にそのような状態にあったのではないだろうか。どのような時代にあっても日本人は常に変化を求めてやまなかっ

図　地域文化モデルの多様性

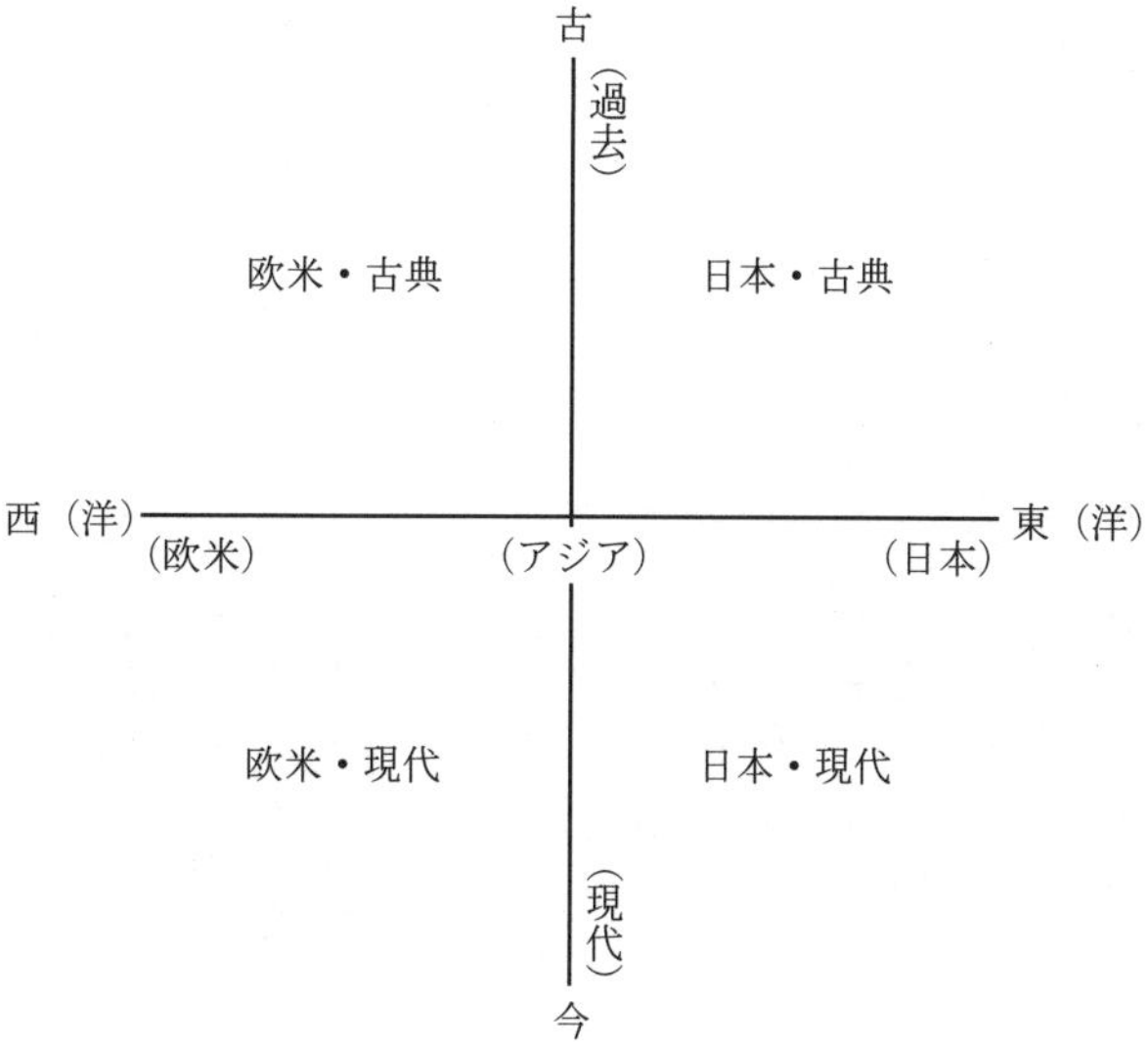

たのではないか。

明治の変革期に目を向けると、例えば学校唱歌で西洋音階を学ぶことになった日本子どもたちは、やはりある種の引き裂かれた状況を経験したのではなかったか。なぜ自分の音階では駄目なのか。長く日本人を悩ませてきたのは、こうした引き裂かれた状況におかれたなかでの自己アイデンティティの模索ではなかったか。それは悩みであると同時に自己形成のエネルギーの発露でもあった。日本人は常に自己アイデンティティの模索を求めてやまない民族であるようだ。

それにつけても地域文化の創造においては、地域文化の本来のあり方にいま一度、目を向けておく必要があろう。それは、地域文化はあくまでも過去から現在までの様々な人々の営みの集積であって、その意味においては地域文化の担い手はあくまでも住民を中心とする人々であるということである。文化の担い手が人であることが意外に忘れられている。したがって地域文化の創造もまた担い手は人である。人という表現が不十分ならコミュニティと呼ぼう。地域文化の創造のためには、地域の暮らしのなかに何を望み、何を成したいのかをめぐってのコミュニティ意識が芽生えることが重要なのである。

現代ではかつてのような共同体的社会のような堅いコミュニティを考える必要はない。むしろ各地で新しい住民形成がすすんでいるから、そうしたなかから新しい暮らしを目指したコミュニティ意識が生まれるならば、それこそが次世代の地域文化を創造する原動力となるのである。グローバル時代を迎え、地方分権を実りあるものにする地域の自立は、そうした地域文化の担い手となるコミュニティの形成にかかっている。

註

もう少しその内容を比較してみると、律令期に定められた国域がそのまま府県域にまで引き継がれている府県は実に一五を数える。数字上分かるように、明治以降に定められた府県域は古代の国をいくつか統合して形成されたものが数多くあり、そのうち古代の複数の国域を分割せずそのまま統合して形成された府県が一三にのぼる。したがって、古代の国域をそのまま今日まで継承している府県の数は実に二八を数えるのである。単純に比較しただけでも、実に今日の府県域の六割が古代の国の境域をほぼそのまま継承しているのである。そして、古代律令期に国の境域が定められたということは、すでにその当時においてその境域が人々の活動や社会にとって大きな意味をもっていたと想像されるから、今日の府県域はほぼ二〇〇〇年近い年月にわたって人々の活動の地域的枠組みであり続けてきたということができる。

引用・参考文献

祖父江孝男［二〇〇〇］『県民性の人間学』新潮社。
八幡和郎［一九九八］『四七都道府県うんちく事典』ＰＨＰ研究所。
米山俊直［一九九八］『小盆地宇宙と日本文化』岩波書店。

第二章　文化複合とアイデンティティ
――グローバル時代の日本「文化」

白幡　洋三郎

第一節　旅行のなかから

一九九八年、ユーロスターに初めて乗ったときのこと。出発地ロンドン・ウォータールー駅の待合室で目を見張った。売店のガラスケースの中に寿司のパックを見つけたからだ。マグロ、サーモン、卵焼きなどのにぎり寿司と新香巻き、キュウリ巻きがきれいに詰められている。日本円にして一〇〇〇円前後のパック。きれいに包装されて並んでいるこの寿司パックは、西洋では珍しがられるものとみて、旅客に売ろうというおみやげ品ではないようだ。ロンドンからパリまで、ドーヴァー海峡海底トンネルをくぐっての約三時間の鉄道の旅。その車中の弁当、つまり駅弁として売られていると思われる。

西洋のこんな所でにぎり寿司が売られるようになったのかという驚き。そしてイギリス人（あるいはフランス人、あるいは西洋人）が寿司の駅弁を食べるようになったのかという思いも浮かんだ。

スナック菓子やクッキー、ジュース類は別のカウンターに山積みになっているが、寿司パックがおさまっているガラスケースには、なんと高価なキャビア、シャンペンも並んでいる。ロンドン・パリ間は国際路線だからキャビアやシャンペンは免税品の感覚で売られているとも考えられたが、それにしては凝った包装の用意もない。どう考えてもおみやげ用ではない。贅沢な列車の旅を盛り上げるリッチな食べ物として売られているとみてよい。そして同じケースに寿司パックが並んでいるのだ。一口で食べられる大きさの食べ物がきれいに詰められている寿司パックは、見た目にも色鮮やかで美しく、日本人の私から見ても見劣りはしなかった。たぶん西洋人にとってはもっと違和感は少ないのだろう。

けれどもせいぜい一〇〇〇円くらいの、日本でならコンビニにでもあるといえばあるような程度の寿司の詰め合わせである。キャビアやシャンペンと並べられるような高級寿司ではない。だがそんな並の寿司パックがキャビアやシャンペンと同居しているのだ。いま寿司は、西洋ではどんなイメージでとらえられているのだろう、そんな問いも頭に浮かんだ。

寿司は、西洋の食文化のなかで、かつてはただ物珍しい東洋の不思議な食物の一つにすぎなかった。生の魚、手で握る、一口程度の子供だましのような、いやおもちゃのような食べ物……。とにかく摩訶不思議な食べ物のイメージは長らくついて回った。戦後のアメリカにはじまり、健康イメージも手伝って、とくににぎり寿司が世界に普及してきていることは確かめてはいたが、駅弁としてそれも高級なキャビアやシャンペンと並んで売られるようになっているとは。とにかく目の前には、日本食を代表する寿司の「出世」した姿がある。とそんな大げさな感慨も少し私の心をかすめた。

だが到着したパリのホテルで、翌朝テレビをつけて、「異変」を感じた。これまでなら、必ず放映されていた日本製のアニメ番組が全然ない。翌日もその翌日も、朝の子供向け番組のなかに日本のアニメがまったくあらわれない。一方、アメリカ製あるいはヨーロッパ製らしいSFアニメはかなり放映されている。たまたま番組編成の端境期で、日本アニメが放映されていなかっただけかも知れない、とも考えたのだが、しかしどうやらかつてのような日本製アニメの「氾濫」は峠を越したらしい。そういえば、数年前ならイギリスのどの町のパブにも必ずあったカラオケも、一〇ヵ月に及ぶ滞在中になかなか見つからなかった。以前の勢いはなくなっているようだ。カラオケ大国とみられていた中国でもカラオケは退潮気味だという報告を目にするようになった。その他映画や文学の領域で、あるいはテレビドラマ、歌謡曲などふつう大衆文化と呼ばれている領域において、中国では日本の影響力が後退しているらしい。

一時、日本製のゲーム機、カラオケ、マンガ、アニメの世界への普及ぶりは、とくに目を見張るものがあった。私はこのような日本製の商品群に加え、ハイク、ボンサイ、ジュードーなどを広く日本生まれの「生活文化」ととらえて、世界中での普及の状況を報告したことがある［白幡］。これらは「日本文化」といえるのかそれとも「日本文化」とはいえないのか、どちらとも容易には決められないにしても日本生まれの「生活文化」であることはたしかである。

一九九〇年代半ばから、日本「生活文化」の海外進出状況を知った人たちが、一方では日本製商品の優秀さと世界を席巻するその動向に大きな期待をかけ、また他方では商業主義の文化領域の蹂躙を嘆く論説を掲げはじめた。とくに、日本を中心とする娯楽や情報産業の生活レベルでのこのような商品化に批判的な論調が数多く生まれた。このような世界市場を見据えた戦略的な「文化産業」の意図を「読み解」き、その正体は「文化帝国主義」だと「暴《あば》く」ような文化論もあらわれた。

日本が世界に顔を出す際に、批判精神で臨む論調は、この国ではよくみられることだ。そうした論調の中ではどのような文化圏にも通用しやすい「無国籍性」の性格をもった商品も（かりに「世界商品」と呼んでおこう）、資本の狡猾な「意図」で説明される。各国の国民の「主体的」な選択も、庶民の「自主的」な嗜好も視野に入っていないようだ。資本に翻弄され、商業主義に躍らされる一種の「愚民」観のような論調が目につく。しかもその際、俎上に載せられているのは、カラオケやアニメやテレビドラマなど、かなりの資本を背景にして生み出される情報「商品」だけであり、それらの海外への進出を批判的に分析するものが多い。（その勢いにかげりがみえる事態はどう解説されるのだろうか。ちなみに最近では世界的な人気を得ている新たな日本製商品として「ポケモン」がしばしば取り上げられている。）

たしかにこうした「文化商品」がかつてないほど世界の町に、市場にあふれてはいる。では、娯楽というより趣味あるいは教養というべき「ハイク」や「ボンサイ」の普及は、資本の高度な戦略のもとに無国籍化された日本製商品といえるのだろうか。かつては異文化体験のような気分でおそるおそる食べられていた寿司が、ユーロスターの車内弁当になっている事態にそんな「読み」が通用するだろうか。

イタリアでは、ボンサイの全国版月刊誌が、私の知っているだけで二誌発行されている。そこに載っている各地の盆栽協会の数だけでも一七〇を超す。ハイクはアメリカやヨーロッパの普通教育にも取り上げられ、世界中での愛好者の数は一〇〇万人を超すとの推測もあるほどだ。これらの普及を指して、高度に練り上げられた文化の、あるいは文化商品の世界売り込み戦略によるものなどとはとうてい言えないだろう。

各国は独自の文化をもっている。しかしそこにたとえば「日本文化」が入り込み、入り交じって新しい「文化」がつくりあげられてゆく。日本生まれの柔道が国際試合でおこなわれる「ジュードー」になったように、俳句や盆栽も「ハイク」や「ボンサイ」として、日本文化と言い切れない別の「文化」になってゆく。私のたとえでは、日本生まれのアニメも俳句も盆栽も、回転ずし屋のベルト上に載る「すし」である。各国の人が気に入れば手にし、不要なら手を伸ばさない。そんな選択される対象だという見方も必要だろう。しかも手を伸ばした後、彼らの好みで加工され、新たな「スシ」が生まれることもある。

二〇〇〇年八月からほぼ半年過ごした北京で、新しい「カラオケ」を発見した。それはテレビで放映される京劇の「カラオケ」だった。「学唱京劇」と題されたこの番組は、京劇の「謡い」を専門家である現役の俳優が一般の愛好家にスタジオで教えるものである。三人の「生徒」が演奏にあわせて場面ごとの謡いを試みる。専門家はおかしいところがあると、遮って注意を促したり、自ら謡って手本を示す。その際、必ず字幕が出る。謡う場所にあわせて字幕の色が変わってゆくカラオケの方式である。だから視聴者はこれに合わせて練習することができる。そして番組の最後は、専門家が一幕を舞台と同じように演じる。だが、声を出さず口をぱくぱく動かすだけ。視聴者は字幕にあわせておさらいをする。自室で俳優の振りを真似ながら、舞台で演じているような気分に浸って謡っている視聴者もいることだろう。こんな「カラオケ」を中国はつくりだしたのか。私は驚いた。

日本で人形浄瑠璃の謡いのカラオケなど見たことがない。歌舞伎の練習をするカラオケも知らない。日本では生まれなかった新しい形の「カラオケ」が中国に生まれている。そんな思いがした。これは日本のカラオケとは違う、中国のものではないか。しかもカラオケと呼ぶ必要はないかもしれない。日本で生まれたカラオケの方式が応用され、あるいは加工されて、新たなものになっているとみてもよいだろう。

こんなふうに、各国で受容され、拒絶され、あるいは別の新たなものがうまれる異文化の出会いの現象を、先入観なく虚心に観察し分析することこそ必要ではないか。グローバル時代の「文化」なるものがあるとして、その輪郭をつかみ、問題点や意義を発言しようとするなら、このような現象をちゃんと押さえた上で論じる以外に不可能だと思える。

第二節　「文化」は旅する

日本生まれの生活文化といっていいと思われるものが、海外でどのように受容されているかに注目しはじめてから、かなりの年月になる。日本の生活文化を、まずはきわめておおざっぱに日本生まれのモノやコト、といった輪郭で私はとらえておきたいと思うが、それが海外でどのように見つかるか、いうならば「日本の生活文化の海外受容」は私の観察によっても、ここ一〇年ほどでいちじるしい変容を見せている。その経過を、かつてまとめた拙著『カラオケ・アニメは世界をめぐる』を振り返りながらざっと見ておきたい。

一〇数年ほど前のことだ。投宿したパリのホテルで朝目覚めてテレビをつけると、明らかに日本のアニメとわかる番組が放映されていた。はっきりした期日も、放映されていた番組も、いまは記憶に定かではない。しかし、二〇年ほど前に初めてパリを訪れたとき、アニメを見た記憶はない。もっともそのころは、テレビなど備わっていない安宿しか泊まれなかったことも考慮しておかなくてはならないけれども。とにかく、一〇年ほど前のパリ滞在では、日本製のテレビアニメが、一つならず放映されていたことが強く印象に刻みつけられた。

それから数年後、意識的に「日本の生活文化」を海外で見つけようとしていた私は、再びパリで日本のアニメ番組に出会うことになった。しかもずいぶん数多く。それにこのときはちゃんと記録を残している。一九九三年三月三〇日「カリメロ」、同三月三一日「カリメロ」「メープルタウン物語」、同四月二日「キャプテン翼」、同四月三日「キャッツ党忍伝てやんでえ」「ピーターパンの冒険」、同四月四日「リボンの騎士」。いずれも日本のアニメーション会社が製作し、日本のテレビ局でかつて放映されていたものである。それがフランス語に吹き替えられ、朝の子供番組で頻繁に放映されている。時間帯は朝七時頃から八時半頃の間であったと記憶する。

私はパリに滞在する前にポルトガルのリスボンを訪れていた。そこでもいくつもの日本製アニメ番組を朝のテレビ放映に見ることができた。日本製アニメの放映は、フランスだけではなく、ポルトガルでも、さらにスペインでもイタリアでも行われているのを目にした。また香港、シンガポール、タイ、ベトナムなど、アジア諸国でも放映されているのをわずかな滞在中にも実見した。実体験の範囲ではフランスが最も頻度が高かった。

これを、たんに日本の製品が海外市場に進出している事態ととらえるだけでは不十分だろう。日本の子供たちが享受している楽しみが、フランスの子供たちにも同様に受け入れられていると考えてよいのではないか。日本の子供の好みとフランスの子供の好みに一致するところがある。もう少し踏み込んで言うと、日本の子供とフランスの子供は、共有できる「文化」をもっていることにならないか。そして共有する文化のもとになっているのが日本生まれのマンガ・アニメである。

マンガ・アニメは日本の子供に広く受け入れられている生活文化だろう。先に挙げたアニメから一つ例を取ってみよう。「キャプテン翼」は、日本の学校やクラブの制度の中でくりひろげられるサッカーの物語である。そこで背景・舞台装置に日本独特のものがあらわれる。日本の少年の心が、友情や悲しみ、憎しみなどを伴ってさまざまに描かれ、努力や根性などの描写が見られる。日本に独特だと思われている精神性もよく出てくる。しかしそんな描写が違和感なくフランスの少年にも受け入れられているとすれば、このアニメは少なくとも少年のなかに共通するなにかをつかんでいることにならないか。少年の心をとらえる普遍的なものが存在するといえないだろうか。したがって、それは日本独特のものと単純にとらえることはできない。しかも日本語がフランス語に置き換えられたうえで放映され、違和感なく享受されているならば、このマンガ・アニメは、通文化的な性格を強くもっているということになる。

日本のテレビアニメがどれほどフランスで放映されているかについては、かつてパリに長期滞在した社会学者桜井哲夫の報告がある［桜井］。その報告によれば、フランスのテレビ番組にあらわれるアニメの中で、日本製が圧倒的な割合を占めていたという（註）。

日本のアニメは各国語に吹き替えられ、世界の子供の共通の楽しみとなっているようだ。こうした事態は、日本の戦後の子供の世界を思い返してみるとよく似た現象があった。テレビが普及し、多くの子供たちが食い入るようにブラウン管を見つめはじめた頃から、放映される番組のなかに、アメリカ製のアニメが数多くあった。「ポパイ」「バットマン」「ウッドペッカー」「バックス・バニー」などがそれだ。いかにもアメリカらしいと感じられた明るいギャグやドタバタを折り込んだ子供向けアニメは、ワーナー・ブラザーズ社のものが強い印象で残っている。またテレビアニメに先立って、「白雪姫」「ダンボ」などディズニー社のアニメ映画が、たくさんの子供たちの心を引きつけた。当時このアメリカ製アニメの洪水がどのように受けとめられていたかを考えてみると、それは先進文明、普遍的な娯楽ととらえられていたように思われる。

アメリカ製のアニメは、過去の時代には存在しなかった新しい技術によってつくりだされ、新しい媒体を通じて提供される「先進性」を備えている。さらに日本の子供だけに限らない、どこの国の子供も享受するもの、しかも子供だけに限らず大人も楽しめる世代を超えた「普遍性」も備えている。そんな感覚があった。つまりそれは「文明」と受け取られていたに違いない。当時はこれらのアニメが、アメリカ社会の習慣や道徳を反映しており、アメリカ独特の美意識や理想を表現しているとは思われていなかったろう。つまりアメリカ「文化」として受け取られてはいなかった、と私は考える。普遍性や先進性を備えた「文明」であり、アメリカ固有の「文化」とはまったく考えられていなかった。

ところがいま世界中で放映されている日本製アニメを見る日本人の意識は、日本的なものが世界に受け入れられている事態を「不思議」ととらえる。これは日本人の楽しみであり、つまり日本独特のものだという「文化」のとらえ方にほかならない。

国立民族学博物館名誉館長の梅棹忠夫氏からうかがった話であるが、ローマでテレビをつけたら日本製アニメ「一休さん」が流れていた。一九八〇年代の話である。これを見て梅棹氏はやはり「不思議」だと思ったという。私も「不思議」と思った。

室町時代の禅寺が舞台である、いわば特殊日本の物語が、イタリアですんなり理解されるものだろうか。ほんとうに彼らはわかっているのだろうか。どんな受け取り方をしているのだろうか。そんなふうに思ってしまう。この感覚は、やはり日本製のアニメを「文化」の文脈で考えていることのあらわれだろうと思う。普遍性があり、先進性を備えた「文明」としてはとらえていないだろう。

だが、イタリア人が「一休さん」を日本人ほどには理解できるはずがないと断言できるだろうか。カトリックの修行僧や修道院の存在を考えれば、案外すんなりと受け入れられているかもしれない。むしろ日本人より深い理解ができていることもあり得る。われわれが勝手に日本の歴史事情はわかりにくく特殊であると思いこんでいるにすぎない、と考えてみる必要がありそうだ。

なぜ戦後のアメリカ製アニメは「文明」の感覚で受けとめられ、現在の日本製アニメは「文化」の感覚でとらえられるのか。この問いへの答をさがすなかから、文化と文明をどう区別するのかという、長らくそして何度も議論されながらいつまでたってもはっきりしない行き止まりのような難問に、一筋の光を当てることができはしないか。そして日本文化をどうとらえるのか、何をもって日本文化とするのかというこれまた難問に、海外で見られる日本のモノやコト、そしてそれらを外国人がどのように受け入れているかを見ることから、少しははっきりした輪郭の見える答を出せないだろうか。

こんな思いから、まず正攻法ではあるが、従来行われてきた文化と文明の定義を振り返っておきたい。

第三節　文化と文明

文化と文明は近代の日本語のなかでつねに厄介な定義上の問題を提示し続けてきた。英語に置き換えるなら、文明が Civilization であり、文化は Culture にあたるとされる。けれどもこれではただ別の言語に言い換えたにすぎず、それまでの区分の困難が解消されるわけでもない。

アメリカの文化人類学者クローバーとクラックホーンによる共著『文化——概念と定義の批判的考察』では、「culture ＝文化」には一六一の定義があるという［Kroeber & Kluckhohn］。大まかに俯瞰するとやはり文明に対する定義の方が単純で、これに対して文化に関する定義はバラエティーに富んでいるようだ。

文化と文明に関する区別と定義づけに疲れた人たちが、もうなにも考えたくないという感じで「文化・文明」と呼ぶ安易な道もある。けれども「常識的には、何となく、『文化』は精神的で、『文明』は物質的、といった見方が広く通用しているように見える」という上山春平の考えが普通であろう［上山］。そしてこうした使い分けが生まれる背景には、一八、一九世紀のヨーロッパ各国の、それこそ文化的、政治的、経済的な位置と各国それぞれの国際的な関係が絡んでいる。

現在われわれが何となく感じている「文化」は精神的な領域に属するとの理解は、ドイツ流の文化概念とつながっている。ドイツ語圏における文化の概念は、Kultur という言葉に代表されており、それは学問、芸術などの高度な精神的営みとその活動を通じて生まれるものを意味する。文化のこうした理解は、一八、一九世紀のドイツ語圏における社会状況を反映したものだった。

この時代には哲学ではカントやヘーゲル、文学ではゲーテやシラー、音楽ではモーツァルト、シューベルトやベートーベンが活躍した時代である。学問、芸術など精神的な活動の分野では、ドイツ語圏がヨーロッパのなかでも抜きん出ていると認められた時代だった。そこでドイツ語圏では、この抜きん出た分野全体を指す言葉として Kultur ＝文化が用いられたのである。

上山春平の表現を借りてこの事情を説明すると、「イギリス人やフランス人たちが、当時の世界における最高水準を自負する彼らの政治的ならびに経済的な達成をはじめとして、学問や芸術等をもひっくるめて『文明』(civilization, civilisation) とよんだのにたいして、ドイツ人は、みずからの誇りとする学問、芸術等の精神的活動とその所産を「文化」(Kultur) とよんで、『文明』と区別したのである」［上山］。

戦前戦中に、旧制高校や大学を経験してこのような文化と文明の観念を身につけた日本の知識層は、ドイツ風の考え方を身につけている例が多く、また彼らの言論や著作を通じて世間的な通念もできあがっていた。

ところが戦後の日本にこのような観念をゆるがす考え方が入ってきた。おもにアメリカの文化人類学者たちによって形成されてきた、文化を人間集団の生活様式（way of life）とする考え方である。いわゆる未開社会を調査地としてその成果から導き出された文化概念は、「社会のルールとか信仰などのような、内面的ないし精神的な側面と同時に、衣類や農具などのような、外面的な物質的な側面をも含むものと考えられている」［同］のである。

　ここには近代の知性が従来思い描いていた未開社会像が、大きくがらがらと崩れたことが反映されている。いわゆる未開社会も「進歩」し、「発展」する。近代が体験したような進歩や発展とは異なるけれども、未開社会は延々と続くかのような停滞を示すのではなく、変化をすることが確認されたことの衝撃がこのような文化概念をつくらせたのである。人間の生活様式全部をひっくるめて文化ととらえるこの考えは、日本の知識社会が抱いていた「文化」と「文明」の概念に混乱を引き起こした。その後、この英米流の文化概念は広まり、観念の上ではかなり定着したかに見える。

　ちなみに『広辞苑』(第三版)による「文化」の定義を見てみると、「人間が自然に手を加えて形成してきた物心両面の成果」となっており、これは英米流の文化人類学の影響を受けたのちの定義であることがうかがわれる。そしてその次に「衣食住を初め技術・学問・芸術・道徳・宗教・政治など生活形成の様式と内容を含む。文明とほぼ同義に用いられることが多いが、ドイツでは人間の精神的・内面的な生活にかかわるものを文化と呼び、文明と区別することがある」と記されている。

　このように、戦前の日本の知識社会の雰囲気は、いわば「ドイツでは」というただし書きの形でのみ、記録され生き残っているかに見える。けれども観念のうえでは右のような定義が了解されているかにみえて、じつは本当のところ、肌身に感じる実際の感覚ではそうではないように私には思える。やはり文化といえば、高度な精神的な所産に限ると見る感覚は、まだ根強いようなのだ。

　このような状況をふまえて、上山春平は文明を「ある水準以上に発達を遂げた社会における文化」[上山]と定義しようとの提案を行った。そのあたりの詳細な検討は上山自身の『日本文明史の構想』に譲ることにしたい。上山説の文明には、産業革命や市民革命を経た社会のものという限定がついている。それに付随して、ヨーロッパ文明がその中心にあるということが、上山説のわかりやすくとらえやすい面であるとの指摘にとどめたい。
ただし、上山が文化を大きく生活様式と定義すればよいとの見解を示していることだけは言及しておく必要がある。

第四節　日本文化論の何が問題なのか

日本文化論は日本人論と呼ばれる分野とともに生み出されてきた。日本文化論、日本人論が続々と現れたのは敗戦後のことで、桑原武夫、加藤周一、梅棹忠夫、中根千枝らが次々に日本文化の特徴や日本人の特異性についての独自の見解を発表した。これらの一つ一つについての論評は、本稿の課題ではない。むしろこれらが日本文化を論じ、日本人を論じている姿勢のなかに共通するものは何であるかを指摘することが必要だろう。それは敗戦に打ちひしがれ、自信を喪失していたとされる日本人を鼓舞する意図がいずれにも色濃く現れている点である。

鼓舞する姿勢にも違いがあり、「俳句第二芸術論」として有名になった桑原武夫の『第二芸術』［桑原］は、西洋の芸術と芸術思想のこころざしの高さと比べ、俳句の芸術上の欠陥を指摘し、そのことによって「鼓舞」を行おうとした。これに対して加藤周一の「日本文化の雑種性」［加藤］は、異文化を取り入れて混ぜ合わせ、雑種化させるところに日本文化の特徴を見いだし、これを肯定したものだった。雑種文化は日本のみならずどの文化にも起こるものであるとして、その意義を認めたものである。桑原は日本文化を否定的に語ることで、加藤は肯定的に語ることでそれぞれ「鼓舞」の役割を果たそうとしたものだった。

そんな違いがみられるけれども、いずれも海外において、日本商品の市場への進出や日本人の活動が活発にみられた時代ではなかった。現在のようにどこへ行っても「日本」が目につく時代とは異なり、ほとんど見あたらない時代だった。したがって論じられる日本文化は、日本という地域を出ない、日本の範囲を越えない、それゆえに当然、地域に独特の「文化」として論ぜられたのである。

とくに戦後ながらく、たまに海外で出会う「日本」は、日本人自身にとっても普通でない、むしろ特異なもの、「エキゾチック」なものばかりだったといってもいいすぎではない。忍者、禅、生け花、茶道などはその典型例であり、いわゆる「フジヤマ・ゲイシャ」イメージの日本が、明治・大正にとどまらず、昭和戦後になっても海外に出た日本人を待ち受けている日本「文化」だった。そこで、海外に出かけて見聞きできる知識人たちこそ逆に、「日本文化」にはエキゾティシズムがついて回っていると思いがちになった。日本文化を何か自国にない奇妙なものだと見なす、つまり普通の外国人が考える日本イメージにこだわることになった。

いま、不思議で奇妙な日本人像が以前に比べればずいぶん減少し、外国人の日本理解もかつてよりはるかに落ち着いたものになりつつあると私は考えている。この事態をもたらしたのは、正しい忍者像や正確な禅の思想が広まったためであるとか、また生け花・茶道などの熱心な普及活動によるなどとは考えられない。例を挙げるとすれば電化製品や自動車などの海外進出によって、じっさいの日本人の生活の輪郭が理解されはじめたためというほかない。あるいはそれより普及の度合は劣るだろうが、日本食・日本料理やアニメやマンガなどを通じて、また、東京を代表とする日本の都市の活動や新幹線などの近代装置についての情報が伝えられることによって、日本理解の輪郭ができあがってき

たためだろう

忍者のように行動し、禅に親しみ、花を生け、茶道をわきまえている日本人が、どれほどいるだろうか、などと考えること自体、すでに噴飯ものである。だが、自動車をもち、電化製品に囲まれ、アニメやマンガを楽しむ日本人は、間違いなくたくさんいる。日本人がそんな暮らしをしている、と外国人が想像することこそ、良かれ悪しかれ等身大の日本人（の生活）が理解されることにつながっているのは確かなことである。

にもかかわらず、日本の「知識人」のなかに、逆に日本が海外でどのように理解されているかについて、むしろ奇妙な「理解」を示す人がいる。よく、アメリカの日本叩きというが、実際はほんのちょっとした日本批判や、一部の反日ふうの行動が針小棒大に伝えられていることが多いのではないか。どの国にも、他国・異文化批判を口にするものがいるのは当たり前だが、些細な発言やわずかな勢力の行動を、大きな潮流として事大主義的に扱う日本の知識人こそアメリカ人以上に、いやアメリカ人もやっていないような日本叩きを演出し、じつは結果的にアメリカ人に責任転嫁をしている面すら感じられる。

さらに、一見日本文化を相対化して公平に評価しているかにみえる論考も、先の表現でいえばきわめて「知識人」的であり、先入観（時には偏見と言っていいようなもの）によってつくりあげられていることもある。その典型的な一例が青木保の『「日本文化論」の変容』［青木］である。この著書は、戦後の主要日本文化論を時代区分して歴史的に位置づけ、その時代ごとの役割を冷静に説いたとみなされたようだ。だが、青木保の基本的な姿勢は、文化相対主義に依拠しているかのごとく自ら述べるに反して、強い思いこみにしばられている。たとえば、青木は次のように述べている。

「……毎度海外へ行く度に否応なく感じさせられることは、日本の『進出』がここかしこにおよんでいる明らかな兆候をいやというほど見ながらも、実際には日本と日本人の『孤立』が際だつことである」〔同：14〕

日本人の「孤立」が際だつ、と書いているが、いったいどの地域で、どれほど際だっているのか、例は一つも示されない。「孤立」の事例が一向に具体的でないどころか、まったく明らかにされていないので、これは「私はそう思う」と述べているのだろう。

この文章の前の段落で、日本の資本による「ロックフェラーセンターや近代名画の買収行為」にふれており、また同じ段落の少し前の文章に「アメリカの不動産や映画会社の買収」を挙げている。どうやらこれらが、「ここかしこにおよんでいる」という日本「進出」の例であるらしい。だが私からいわせれば、たったそれだけか、としかいいようがない。

そこで、「日本製品が氾濫し」と書かれても、どんな実例があるのだろうか、氏の感受性が強いだけで、大して氾濫していないのではないか、と揚げ足を取りたくなるのも当然だろう。あなたの言う日本製品の氾濫は本当ですか、と思ってしまう（日本製品の「進出」なるものの実体については、拙著『カラオケ・アニメが世界をめぐる』を参照していただきたい）。

青木の記述が、研究手法の一つとしてフィールド調査をやったことのある、文化人類学者を名乗る人によって書かれたものとは信じがたい。なぜなら、新聞記事をはじめとするマスコミ報道以上の詳しい情報はまったく盛り込まれていないからである。むしろマスコミよりも印象中心で、情報量は乏しい。

私は、この著書を、いわゆる日本人論、日本文化論の戦後史のトレース作業の一つと見ることに抵抗はないが、心証と胸の思いをつづったエッセーと受け取っている。包括的に日本文化論を取り上げたと評されたこの著作に、私の見解では従来の日本文化論の限界が、それこそ包括的に現れている。

青木は、『菊と刀』を著したルース・ベネディクトの姿勢の問題点にもふれながら、「だが、その『複眼的』なアプローチと、『文化相対主義』的態度とは実のところ『日本文化論』に多大な示唆を与えるべきものであったし、これからも与えるものと評価できる」［青木：154］と記している。そして、文化相対主義の姿勢に期待しつつ、「それ（「何々人は」という言い方―引用者）はまたあくまでも『仮定』であることを忘れてはなるまい。『仮定』であるがゆえにそれだけ論じ易く、結果として多く論じられる傾向にあるが、『仮定』がいつの間にか状況によっては『前提』となったり、『事実』にすり替わったりすることに対しては、よほど注意深くあらねばならない」［同：45］とも述べている。そのとおりと思うが、まさにその注意を自らが忘れ、残念なことに従来の日本文化論と同じ欠陥を繰り返してしまっている。

「日本と日本人の『孤立』が際だつ」などの不用意な表現はその典型である。また、「年々海外で生活することが『豊かな』日本人であることと相反して、心理的に困難になって行く傾向があるのを感じざるを得ない」［青木：12］といった、文化論にとっては重大な発言が、何がもとで、どのように「心理的に困難」になるのかの具体的な事例は示されないままつづられる。

このような記述に接していると、ハルミ・ベフが、日本文化論の特徴を「大衆消費財」的な「イデオロギー性」に求めたことが、私の頭に浮かんでくる［ベフ］。従来の日本文化論には、あらかじめ論ずる目的が定められている、とのベフの指摘が、同じく感じられるからだ。青木保の『「日本文化論」の変容』は、日本文化論と見なされるものを論じた「論の論」すなわち「メタ文化論」であり、

「あくまでも『日本文化』を論じる『言説』のレベルに限って検討する」と記されている。したがって、「日本文化論」の著作例を挙げることは必要であっても、対象となる「日本文化」なるものの具体例を挙げることは必ずしも要求されないのは当然である。だが、「日本文化論」の個々の著作例を分析する叙述に先立って、著者の基本的な姿勢を述べた「はじめに」で、日本「進出」の具体例をほとんど挙げることなく、印象に依拠して、重大な結論を吐露してしまっている。いわく、「日本と日本人の『孤立』が際だつ」、いわく「大学から企業や家族関係まで『国際化』に欠ける国家」〔青木〕。

自らの自重の言葉に反し、相対化を忘れた、イデオロギーをもつ従来と同様の「日本文化論」の問題点を抱え込んでしまっているのである。

ハミル・ベフは、青木保と異なる視点から、日本文化論といわれるものを対象とした「メタ文化論」すなわちベフ自身の言葉を借りれば、「日本文化論の人類学」をやりたいと述べ、実際それを進めている。その成果に期待したいが、希望をいえば、ただ「日本文化論」のみではなく、それらを相対化したとされる「論の論」（青木保の『「日本文化論」の変容』のような著作）をも対象に含めた人類学が必要だと思う。

こうした「文化論の人類学」「メタ文化論」が、日本文化研究を進めてゆくのに必要だと思う。その一方で、私はおおよそ「生活様式」と考えた場合の日本文化が、具体的にどれほど海外に「進出」しているのかをはっきりさせる「フィールド調査」が欠かせないと考える。調査に基づく具体的データ抜きでは、日本文化論は従来の文化論と同じイデオロギー性をもつ大衆消費財だけに終わってしまう。日本文化の海外「フィールド調査」とは、日本文化がどのように「受容」され、どのように「反発」あるいは「無視」されているのかを現地で確かめる実態調査である。ただ印象を語るのではなく、実例を集め、具体的な姿をさぐる作業である。

第五節　日本文化論は生まれ変われるか——文化複合論へ

最初は日本イメージでスタートした日本生まれの商品や日本の生活文化のあるものは、今ではもはや日本を感じさせることなく、世界各地で普通の生活に取り入れられている。しかしかつては街角で頻繁に目につき、ほとんどブームといってよいような流通を示していたのに、今ではさっぱり見かけなくなってしまったものもある。また表面的には姿を消したが、じつはちゃんと現地の暮らしに取り入れられ、そのせいで目につくことがなく、消えてしまったかのように見えるものもある。さらに、これから世界に進出しようとして売り出し中のものもある。そのような「日本文化」の例を思いつくままに挙げて、少々の分類を試みてみたい。

① 普段の生活に取り入れられている「定着」型——例「ショウユ」
スシもその位置に近づきつつあるが、やはり海外進出の歴史が長いショウユがダントツ

② かつてブームで今はほとんど見かけない「消失」型——例「タマゴっち」
ゲームボーイなどハンディ・ゲーム機のほとんどはこれにあたり、「タマゴっち」だけを取り上げるのは、問題ありと思えるが、熱狂と沈静の落差がきわめて著しい顕著な消失例。ただし、コンピュータゲームは形を変えてますます普及しているわけだし、ハンディなゲーム機は衰えていないといえる。だからかつて世界的に大ヒットした「スーパーマリオ」のゲームは見かけなくなったが、

これは別のゲームソフトへの移行に過ぎなく、「消失」には当てはまらないように思える。

③ 表面的には見えないが深く生活に入り込んだ「浸入」型――例「カラオケ」「アニメ」「マンガ」

カラオケは中国の京劇カラオケのほかにコンパクトディスクをパソコンで動かして画面上でお経をカラオケでできるものが台湾や香港で売られていたり、日本にはない新しい「カラオケ」スタイルが海外で生み出されている。アニメやマンガは今では日本製に群がるブームではなく本当に好きな者が過去の日本の作品を楽しんだり、また自前の新しい「アニメ」「マンガ」を編み出したりしている。

④ 新たに売り出し中の「新規参入」型――例「ポケモン」

「ポケモン」はアニメやキャラクターグッズなど各方面で爆発的な人気である。アメリカやヨーロッパでの人気は時間差をともなって各地に起こることだろう。しかしかつて人気だった「ドラゴンボール」もアニメやキャラクターグッズで大人気だったし、そのマンガ本もよく売れた。だから「ポケモン」は「アニメ」「マンガ」の新しいタイプだとみることもできる。だが、ゲームソフトの「スーパーマリオ」と同じ無国籍性が、従来の「アニメ」「マンガ」をはるかに超える普遍的な人気につながるように思える。

以上のような「分類」は、概念を整理して生まれた緻密なものではなく、経験のなかの印象をもとに区分した大まかな見取図にすぎない。批判に耐えうる分類体系をつくりだそうとするなら、広範なフィールド調査や厳密な検討をさらに重ねる必要がある。けれども問題は、固有なものと普遍的なものの存在の仕方を見極めることであり、文化と文明の位相の違いをつかむことである。そうした作業を通じて、さらに従来の「日本文化」の考え方を吟味検討する手がかりをつかむことである。

どのような立場をとろうとも、かつて「日本文化」がこれほど受け入れられたことがあったろうか、という感慨は否定できないだろう。ディズニーマンガの広がり、マクドナルド・ハンバーガーの世界進出は、どこか必然性があってとにもかくにも許容するが、日本アニメや日本マンガ、コンピュータゲームの世界進出は「文化の否定性」などという表現で恥じ入るような姿勢は少なくとも公平ではない。

日本の商品、広くいえば日本の現在のくらしを体現している「日本文化」が、これほどのスケールで世界に見られるようになる事態は、戦前はもちろん、戦後の七〇年代以前までは決して起こらなかった。交通・情報の世界化、いわゆるグローバリゼーションのなかで「文化」なるものが固有性、普遍性とどのような関係をもつのか。国民文化なるものは成立しうるのか。このような問いは、戦後民主主義のなかの「反省」や「気後れ」の情緒から分析されては、いかに学問的な筋道で語られようとも結論が貧弱にならざるを得ない。すでに一定の学問的試練を経てきている、「価値相対主義」的な客観に基づき、真摯な吟味・検討が必要だ。

日本を意識させられるのは、なぜか国外に出たときの方が多い。日本にいても、海外の報道に現れる日本のニュースを聞いて日本を意識させられるように、自国、自分の位置を強く考えさせられるのは外国の存在が大きい。「日本文化」という表現が頭に浮かぶのも、外国にいるとき起きることが多い。それはなぜか。

おそらく圧倒的な異文化に取り囲まれた自分という存在にどこか危うさを覚え、自分を確かめ、ときには奮い立たせるために、支えになるものを求めるからではないか。「危機」にさらされた自分の回復のために「日本人」を意識し「日本文化」を思い出すのではないだろうか。異文化の中におかれたとき、より鮮明な輪郭で見えてくるものが「自文化」であろう。

子どもの時から十分に訓練されてようやく到達できるような境地、そんな境地から心地よいもののみが「文化」だという考えに立てば、いま海外に受け入れられている日本「文化」の多くは「文化」ではないということになるだろう。歌舞伎や能のファン、書や日本画の愛好家からみれば、アニメやマンガ、カラオケやコンピュータゲームは日本文化ではない。そして日頃食べている日本での食事とはどこか違う「日本食」や、ルールも変化した「ジュードー」などに接するたび、日本文化ではないとの思いが起きるはずである。

海外で広く受容されている「日本文化」は、なんの下準備も、何の基礎教養も必要とせず、いきなり使える、楽しめるものである。これを文化と呼ぶことに、たとえ生活文化といいかえたところで、反発する人がいることは容易に想像できる。しかし、どうやら「文化」なるものが形成されてゆく現場は、このような混沌とした情景をもつようだ。

私は、現在世界に流通している「日本文化」のほとんどを「日本の生活文化」と規定して、これらが海外に受容される様相を分析することがこれまでの日本文化論の欠を補うことにつながると考える。つまり、これまでの日本文化論が扱ってきたものはあえて言うなら「高級文化」だけであり、それらは受容の仕方、つまり文脈まで拘束し指示するものだった。楽しみ方、使い方まで指示し強制する固い殻をもった「文化」だったと思われる。そこで歌舞伎、能、狂言、茶道、華道など、「古態」を残し、伝統の形式を守っていると考えられる分野のみ、日本文化と見なされてきたのである。じっさいはこれらの「古態」日本文化も時間を経てずいぶん加工され変容しているにもかかわらず。

海外旅行のなかで「日本文化」を頻繁に見かけるにつれ、私はそれを海外で「日本」に出くわす、たんに珍しい体験ではないと感じはじめた。「日本文化の海外進出」や「日本文化の海外受容」あるいは「日本文化の海外侵略」というだけではおさまりがつかない感覚が生まれるのである。むしろグローバリゼーションや消費の大衆化にともなっておきる新しい「文化生成」の現場に立ち会っているのではないかとの印象をもつようになった。

それぞれの国は独自の文化をもっているが、そこに異国生まれの「日本文化」が入り込み、入り交じって新しい「文化」ができあがってゆく。この事態を表現するとすれば、文化同士の対等な関係の複合、「文化複合」となる。旅行すれば否応なくグローバル時代の世界をいくつも通過し、滞在することになる。私は旅行先で、異なる文化が接触し融合している「文化複合」の現場に立ち会っている。そんな思いを強く抱きはじめた。

このような「文化複合」のなかから選び取られ発展していったものが、地域・民族の特徴的な固有「文化」として、後に見い出される。未開社会においても、小集団同士の接触によって「文化」が生まれてきた。すなわち、文化はすべて独自性、固有性を標榜しながら「複合」という出生の秘密をもっている。独自性、固有性を求めるアイデンティティには「文化複合」が刻印されているのである。

註

・フランス・テレビの1チャンネルで放映された日本製アニメの『番組タイトル』（原作者『日本名』）——

『ラム』（高橋留美子『うる星やつら』）、『愛しているよ、ジュリエット』（高橋留美子『めぞん一刻』）、『ゴールドラック』（永井豪『グレンダイザー』）、『黄道12宮の騎士たち』（車田正美『聖闘士聖矢』）、『ドクトゥールスランプ』（鳥山明『ドクタースランプ』）、『ドラゴンボール』（鳥山明『ドラゴンボール』）、『カンディカンディ』（いがらしゆみこ『キャンディキャンディ』）、『銀河特急999』（松本零士『銀河鉄道999』）、『生き残る者ケン』（原哲夫『北斗の拳』）

・別のチャンネルから放映されたもの――『オリーブとトム、サッカー選手権』（高橋陽一『キャプテン翼』）、『クレールとティプヌの冒険』（たかなししずえ『おはようスパンク』）、『レディ・オスカル』（池田理代子『ベルサイユのバラ』）、『キャッツアイのサイン』（北条司『キャッツアイ』）、『アタックNo.1』（浦野千賀子、一九六九～七一）、『エースをねらえ』（山本鈴美香、一九七三～七四）（桜井一九八九および『アニメディア』一九九三、一月号より作成）

引用・参考文献

青木保［一九九〇］『「日本文化論」の変容――戦後日本の文化とアイデンティティ』中央公論社。

上山春平［一九九〇］『日本文明史の構想』角川書店。

加藤周一［一九七四］『雑種文化――日本の小さな希望』講談社文庫（初出［一九九五］「日本文化の雑種性」『思想』）。

桑原武夫［一九七六］『第二芸術』講談社（初出「第二芸術」『世界』一九四七）。

桜井哲夫［一九八九］『サン・イブ街からの眺め――フランス社会ウォッチング』岩波書店。

白幡洋三郎［一九九六］『カラオケ・アニメが世界をめぐる――「日本文化」が生む新しい生活』ＰＨＰ研究所。

「テレビアニメ三一年史」『アニメディア』一九九三年一月号。

ベネディクト R・ルース（長谷川松治訳）［一九七二］『菊と刀』社会思想社。
ベフ H・ハルミ［一九九七］『増補新版・イデオロギーとしての日本文化論』思想の科学社。
Kroeber, A. L. & Kluckhohn, Clyde［1952］*Culture : A Critical Review of Concepts and Definitions*, New York : A Division of Random House.

第三章　留学と異文化理解――日本の「文化」理解を中心に

生駒　良雄

第一節　問題の所在

この文章は、対外文化政策と留学のダイナミックな関係を論じることを目的としている。留学とは後ほど述べるように、さまざまのタイプがあるが、国内的観点から見れば、それは一種の「対内」文化政策と考えることができる。すなわち、対外的文化政策と対内的文化政策の関連を、たんなる政策史の観点からだけではなく、その実態も加味して分析を加えようとするものである。

文化一般については、表面上、「文化政策」をめぐる行政を所管するのは文部科学省の外局である文化庁ということになっている。文化庁でいう「文化」とは、芸術文化、生活文化、伝統文化のことを指していて、伸びる萌芽が軌道に乗るよう、あるいは過去の優れた遺産が廃れないよう、遠巻きに援助していく事業に徹してきた。

しかしながら、対外文化政策については、国政レベルでは、外務大臣官房文化交流部が所管することになっている。いわゆる教育・文化行政から切り離されたところにある。外務省の国内出先機関が少ないこともあり、国内の国民にはなじみの薄いところで、対外的文化政策が行われている。また、外務省所管の特殊法人・国際交流基金の事業についても、その多くは国内の国民にはなじみが薄い。

海外では、イギリスのブリティッシュ・カウンシルやドイツのゲーテ・インスティチュートが、日本の国際交流基金と同様の事業を行っている。代表例である、ブリティッシュ・カウンシルについて、見てみると、これは、わが国でいえば、国際交流基金と、在外公館の文化交流部門をあわせたような組織であり、絶えず自国の商業ベースの文化事業を含めて文化一般を紹介しつづけている。一九三四年に設立され、パトロンは女王である。予算規模は約一〇〇〇億円と小さいが、旧英連邦諸国には、人物交流、非英語圏には、芸術文化・英語教育を中心に予算を配分しており、職員数は五千人を超える。

事業範囲が狭いために単純比較はできないが、国際交流基金は七二年設立で、予算は二〇〇〇年度で二一二億円とブリティッシュ・カウンシルよりさらに少なく、職員定員二三二人、海外事務所はわずかに一八ヵ所である。

留学生施策に割かれる予算は、〇〇年度で五四四億円である。ヨーロッパにおけるエラスムス計画が、一九九八／九九年度に一一六億ユーロの予算を組んでいることをみると、予算規模が二〇倍以上も違うことがわかる。

ブリティッシュ・カウンシルの場合、設置目的が英国の評判（レピュテーション）を高める（エンハンス）ことと明示されている。つまり「対外的文化活動」（自国文化の宣伝）を行うことが主目的である。柴野（原典はバーンスティン）によれば、文化伝達が行われ、続いてこれが、言説実践を通して象徴的具現化されてはじめて、意識化され、アイデンティティとなるという。その身近な方法が言語教育であり、ブリティッシュ・カウンシルも日本をはじめ非英語圏では英語教育に力を入れている。国内文化振興が盛んであるフランスでも、コラールによれば、外務省やアリアンスフランセーズを通じて、国外でのフランス語教育を行っている。これを戦略と呼ぶのであれば、ド＝セルトーのいう「文化的なものの孤立化をなくしながら文化の発展をうながしてゆくための戦略」に見事にあてはまる。

この文脈においてもわが国の「文化予算」は極めて少なく、欧州各国は、この「戦略」に極めて熱心であるということになる。冷静に考えると、「戦略の結果」とはいうものの、自国の特定の文化事業に補助金を与えるとするならば、それは文化の進む方向を誘導していることにならないのであろうか。ブリティッシュ・カウンシルの日本支部は、大変重宝する情報源であるのだが、長年見ていて、「あなた方は、自国の文化を誘導していないと言い切れるか？」と問いかけたくなる場面は多い。

留学についても、フルブライト計画のように、日本の将来のリーダーとなるべき学者・官僚に米国の先端学術を体験させることで親米派を再生産することが企図されたプログラムが、結局、見世物としてインパクトのある研究分野に予算をつける方向に誘導していることになりはしないか、ということである。

もちろん、日本の側も、こうした海外の文化政策、留学生施策に影響されて、浮世絵、茶道といったインパクトのある文化を売り込み、また、留学生歓迎の集いというと、和服を着せて、日本庭園でお茶会をするというきわめてステレオタイプな「日本文化」紹介が広く行われてきた。日本の現実にもっと即した、日本の「文化」の紹介をすることが望まれる。

留学生は、われわれのごく身近にいる外国との接点である。留学生をインターフェイスとして、外国を知り、また、日本が外国に認識されているのである。また、影響を及ぼしあうことになる。これは日本の文化の紹介についても重要である。

第二節　留学の諸相

留学[1]を外国に行って学ぶことと単純に定義することもできるのであるが、背景にあるものとして、一方の当事者が日本人あるいは日本であるということが、どこまで影響しているのか、ということである。古来より、近隣に先進国が意識されている場合は、その先進国に赴いて、その国の文明を学んでくることが、政府として必要であったので、海を隔て、航海術が発達していない時代であっても、予算をかけて、政府がエリートを派遣して、学ばせてきた。そこに、外国の文化を見聞し、持ち帰り、あるいは互いに影響しあうということが生じるという総体を見ることができる。また、外国の文化に接触することにより、自己のアイデンティティを発見することがある。

1　江戸時代までの海外への留学

江戸時代までは、遣唐使に代表されるように、コストを度外視してでも、先進国である中国に赴いて、その国の文明を学んで来させることが行われた。

国としてエリートを派遣するということは、遣唐使の廃止後はなくなったが、中国との交易のなかで、文字や語彙の面でわが国は大いに影響を受けてきた。しかし、中国の相対的な位置づけの低下は、戦国時代に決定的となり、ポルトガル人が、銃などの先進の文明をもたらし、キリシタン大名が派遣した天正少年使節のような例もあり、少なくとも西洋に目が向くようになった。江戸時代の鎖国を挟み、ペリーの来航以後は、文明の差を実感して、西洋に留学させることを考える。

2　明治から戦前期までの海外への留学

先進的な学問を安易に学びたいが、その情報源が外国にあり、容易に赴くことができない場合、対処する方法は、近代では二つあった。一つは、先進国の研究機関で先端研究をしているが、若手で職が無い者を連れてくることであり、いま一つは、自国のエリートに先進国の言語を学習させた上で、先進国に留学させることである。

「学制百年史」に基づいて振り返ると、日本の近代における第一回の留学生は、江戸幕府によるもので一八六二年のことである。幕府は五回留学生を派遣した。明治維新後、政府は各藩から推薦された者を留学させていたが、大学生の留学については、七〇年八月に、五六年設置の蕃書調所に源流を持つ大学南校から、アメリカに留学生を派遣し、以降続々と大学から留学生が派遣される。七二年に「学制」が公布されるが、この中に官撰留学生と私願留学生の規定が三一章にわたり記され、明治初年において留学生の海外派遣がいかに重視されていたかがわかる。当初派遣された者が、各藩から選抜され派遣されたことから、将来高等教育の諸学校の教授を担当すべき人材を選択したといえなかったため、七三年当時の留学生三七三名を同年一二月に原則すべて帰朝させたうえで[2]、七五年五月から、文部省貸費留学生として再スタートを切る。この制度は、その後八二年から官選海外留学生、九二年から文部省外国留学生、一九二〇年から現在の文部省在外研究員となった。その派遣数は、日清戦争後から増加に転じ、二二年には二〇八名と戦前のピークを迎えた。戦争のため四一年から四九年まで中断されたものの、五〇年に再開され現在に至っている。

インドのように、大英帝国の一部になった地域では、植民地時代に、高等教育を英語で実施し始め、現在も英語による教育が一般的となっている[3]。ところが、わが国では今日まで日本語で教育を行うことが一般的であるが、これについては、一八七三年から七九年まで文部省に在任し、うち七四年から学監の職にあった、米国人ダビット・モルレーが、七三年一二月に「学監ダビット・モルレー申報」を文部省に提出し、日本語の教科書を編纂して西洋の学術を教授する必要を説いたことが決め手となった。事実、英語等で教育をする御雇い外国人は大学から徐々に減少していった。その後、外国人教師の総数は一八九〇年代から再び増加に転じ、一九二三年には一五五名と、一八七四年の七七名の倍になっている。

3　戦後の先進国への留学

戦後、日本の教育制度は大きく変更されることになった。歴史的には、一九四九年のＧＡＲＩＯＡ資金、五二年のフルブライト法による、現在のフルブライト・プログラムによる日米教育交流計画が留学の再開に重要であった。その後、すでに述べた在外研究員制度の復活、戦前の恩賜財団で戦後特殊法人となった日本学術振興会ＪＳＰＳによる、「特定国派遣研究者」制度の事業等により、若手大学教員の留学の途が開かれた。

筆者は、かつて大阪大学大学院医学研究科の大学院生であった。医学部の場合、順調に二八、二九歳で大学院を終えて、博士の学位を取っても、容易に助手のポストには就けず、一〇年近くオーバードクターでいることは珍しくない。このため、助手ポストが空くまで、つなぎで留学をすることがよく行われる。この場合は、日本政府から金銭的な援助が無いので、区分上は私費留学である。留学先では、研究費と滞在費を何らかの形で確保しなければならないので、各種奨学金を得て研究活動をする。日本国内でも、さまざまな資金を提供しているが、米国で奨学金に応募するほうが当たりやすいといわれる。

また、米国で認められAssistant Professor（直訳すると助教授だが、教授、Associate Professor 準教授に次いで三番目の地位）になれば、奨学金の額に応じて、実験助手も付くので、なかには米国で定住してしまい、頭脳流出となる場合もある。

近年の日本人留学生については、従来の「在外研究員」に代表されるような、若手研究者として少しは名を挙げた者が国家的プロジェクトへの参画を前提として選抜され留学するというケースが全体に占める割合は極めて小さくなった。多くは、語学の習得を目指す者であり、高校生や大学生が目立つようになった。日本人留学生が従来は想定していなかった地域で学習するようになり[4]、犯罪に巻き込まれ、死亡する例も目立ち始めた[5]。

法務省の資料によれば、九五年一月から一二月の留学状況は、一六万五二五七人で、そのうち、八万二〇〇八人がアメリカに留学しており、日本に来る留学生総数よりもはるかに多い。

日本以外の先進国間の留学では、ローズ奨学生があまりにも有名である。これは、英国の政治家セシル・ローズにちなむ奨学金制度で、旧英連邦諸国と、米国、ドイツを対象に、八八名をオックスフォード大学に二年間留学させるというものである。ケネディ政権とクリントン政権はローズ奨学生が政権の中枢を占めたこともあり、エリートが選抜されることで知られているが、フルブライト・プログラムを設定したウィリアム・フルブライト元上院議員もローズ奨学生であった。セシル・ローズが植民地政策関係の政治家であり、フルブライト元議員が、外交関係議員であることを考えれば、エリート候補生を、先進国で鍛えなおすという考え方もまた、外交であると考えてよいのであろう。

4　戦前期の中国人による日本留学

ここまで日本人留学生の歩みを振り返った。日本から出て行く例だけで論じるのは公平ではない。日本に入って来るものについて、日本人留学生とほぼ同じに見える立場の例を探すことができるだろうか。

明治末期、東郷平八郎の日露戦争における華々しい活躍が海外に喧伝され、多くの植民地の非支配層を鼓舞し、日本を身近な先進国とみて、留学を目指すものが現れ始める。なかでも中国人留学生が多かった。戦後、日本は、戦争中に占領した東南アジア諸国からの留学生を積極的に受け入れた。彼らの足跡をたどってみることにする。

戦前における中国人による海外への留学についていえば、近世以降における嚆矢は、米国への留学であり、清の時代である。当時はまだ官吏任用の制度としての科挙が機能していた時代であった[6]。一八七二年、容閎が曾国藩に進言して始めたもので、七五年まで合計一二〇名の一二～一六歳の年少者をアメリカ・ハーバードに一五年の留学期間を予定して、ホームステイさせた。しかし一〇年後、留学生監督呉恵善が訪米したとき、留学生が拝跪の礼をしなかったため、全員を帰国させ、留学生制度は廃止された。また、帰国した者についても、漢語を十分知らないため、清国政府では役に立たなかった。

ただし、中国人の名誉のために書いておくと、日本人もまた先進国の学問を安易に学びたいと思っていたのであった。劉建輝の研究によれば、幕末に西洋に派遣された使節団や留学生は、途中上海に上陸し、その租界に「西洋の入り口」を見、漢訳された西洋の夥しい書物なども通して、近代をいち早く学び取っていた。

その約一〇年後にあたる九五年、清国は日清戦争で敗戦し、清国総理衙門は選抜試験を行い、一三名を日本に留学させた。西園寺公望文部大臣（当時）は、嘉納治五郎に留学生の教育を任せた。この頃、康有為の変法自強とその反動である戊戌の変（一九〇二年）があり、康有為らは日本に亡命したが、亡命者も日本の学校に学ぶ留学生となった。一方、日本政府も、駐清公使矢野文雄が一八九八年、日本側で経費を負担する留学生を二〇〇人以内の範囲で認める申し出をした。こうして、留学生は漸増し、一九〇二年には五〇〇名、以後急増して〇三年一〇〇〇名、〇四年一三〇〇名、〇五年には八〇〇〇名を超えたとされる。当初は、旧制中学レベルの教育から始められたが、次第に私立専門学校等に留学生部が整備されるようになった。

〇五年、興中会、華興会、光復会という三つの革命勢力が東京にて合同し、中国革命同盟会を組織した。このため清国政府は日本側に働きかけ、文部省は省令「清国人ヲ入学セシムル公私立学校ニ関スル規定」、いわゆる留学生取締規則を発布した。このため留学生がストライキ（清国人同盟休校）をし、さらに一斉帰国したため、留学生は減少していった。

一方、清国内においても、一八九八年「京師大学堂」が創立され、これを母体に一九一二年、北京大学となり、中国においても大学を中心とした高等教育の体系が作られていく。これは、〇五年に科挙が廃止になったことが大きな意味を持っている。〇六年には清国側のほうで、速成学生の派遣を停止し、旧制中学レベルの教育である「普通学」は国内に新設の高等教育機関で修めさせることにし、専門学を修めるための留学へとシフトしていった。

留学生急増期には、清国からの留学生は日本で実利的な学問を学んで帰国後の出世につなげようとする者が多かったという。〇五年の科挙廃止による官吏任用の体系が崩れたため起きたものと考えられる。留学案内書も多数刊行された(7)。欧米各国の文明は、清国から見ると隔たりが大きいので、いきなり西洋に留学できないことから、一つの橋渡しとして日本に就いて学ぶのであるとした。つまり戦前期の中国人による日本留学の構図は、西洋への単なる通過点であって、じつは戦後と大差が無い。日本側が考えている現在の留学生受け入れ体制とは同じものではないことに留意すべきである。

5　戦後の東南アジアからの日本留学

わが国は、さきの戦争で、東南アジア各地を占領した。とくにシンガポールをはじめとする地域で恥ずべき行為を行ってきたとされ、東アジアでの自由貿易圏について議論する際の感情的なわだかまりを残す一因となっている。また、わが国は戦後、一九七一年まで、一ドル＝三六〇円の固定相場制に置かれ、ＩＭＦ八条国に格上げされた六四年までは、外貨を自由に持ち出して海外旅行することすらできなかった。この間の高度成長の結果、七三年の変動相場制移行後は、世界第二位の経済圏として強い「円」を背景に、先進国としてようやく国際社会の体系に組み込まれていく。それは、学術の分野でも例外ではなかった。

わが国は、戦後五四年に国費外国人留学生制度を開始し、東南アジア諸国から、人材の養成を通じて発展途上国の社会的・経済的発展に寄与しようとした。わが国は、その後も、財団法人日本国際教育協会（ＡＩＥＪ）を通じた事業（帰国外国人留学生に対する専門資料送付、帰国外国人留学生研究指導事業、帰国外国人留学生短期研究制度、帰国外国人留学生データベースの作成）により、留学生のフォローアップに努めて来た。しかしながら、日本では、博士の学位について、「末は博士か大臣か」という言葉が示すように、権威のあるものと考えられてきた結果、その取得の困難さが強調され、留学生から次第に敬遠されるようになっていった。ただし、統計上留学生が集中する理工系の学位の取得は困難とは言えない[8]。

もちろん従来から、人文社会科学系の日本人大学院生が博士の学位を取得するのは困難であり、留学生だからとりやすくなるということはない[9]。ただし、大学院研究科によっては、英語等外国語による論文作成を認める、または試験で外国語の試験を課すことになっているのであるが、外国語の試験について一つの外国語については日本語による代替を認める等の措置を講じるものがある。外国語による論文作成については、国立大学の九割が実施している。

私は、総合研究開発機構ＮＩＲＡの事業で二〇〇〇年九月に、ワークショップ「インドネシア、タイ、韓国、日本における健康保険分野におけるパートナーシップの構築」を主担当として開催させていただいた。その際、台湾からの参加者も含めて、インドネシア、タイ、韓国の健康保険行政担当者の間では、ハーバード大学公衆衛生学部への留学経験者であることが前提となっていて、「ハーバード・マフィア」と自称しているのがわかった（ハーバード大学では、医学部とは独立して公衆衛生学部が置かれている）。日本を通り過ぎて米国へ、という感覚よりも、特定の研究者の門下生であるという感覚に近いようであった。ジャパン・パッシングについては、後述する。

6　ＪＩＣＡの事業による日本での研修

この章のさいごに、外国人受託研修員について少し触れたいと思う。実際問題として、この事業規模は大きいこと、また、各大学ともその対応は、大学院に在籍する留学生とほぼ同じ扱いで行っているため、かなりの人的資源を割いているからである。この事業は、正確には、特殊法人海外技術協力事業団ＯＴＣＡの研修生の受け入れ（一九六二年～七三年）とその後身である国際協力事業団ＪＩＣＡの外国人受託研修員の受け入れ（七四年～）といい、日本の理工系の大学に東南アジアの技術者を迎えて、技術の取得に努めさせてきたものである。

ただし、この点に関して、私見を記す。

東南アジアから受け入れるＪＩＣＡの研修生は、年齢層が高く、功成り名を遂げた者が来ている印象を受けている。実際の技術指導の現場が定年間際の人々によって担われているのであれば、むしろ「ものつくり」の現場のあり方について、意見交換をする場をつくるべきであると考える。

第三節　政治的に文化交流を行うもの

植民地で、統治国の言語を初等教育において取り入れられることは、自国にいながらにして、統治国に留学するような形となる。しかしそれは自発的に留学することにはならない。また、エリートだけを対象とするものでもない。こうした例は、政治的な意図をもって文化交流を行う例といえる。敗戦国に対する戦勝国の採る施策もこれにあたる。また、先進国からやや経済的に劣っている国に留学する例も、多くの場合は、政治的意図があって奨学金が出されている。さらに、先進国同士で、横並びの施策を採ろうとする場合、これを留学生に適用すれば、同様に政治的な文化交流ということができよう。

1　戦前期の台湾における教育

日本は、戦前期、台湾と朝鮮半島を植民地とし、統治のために初等教育を通じて同化政策を実施していった。

黄英哲の研究に基づき振り返る。中華民国が、台湾を接収するに当たり、戦争中の一九四四年、蒋介石は、台湾調査委員会を設置した。この主任委員に、〇二年から〇八年にかけて日本に留学していた陳儀を任命した。陳儀は戦後、台湾省行政長官に任命される。四六年には、心理建設という言葉を用いて、台湾の中国化を推進するとした。その推進には知日派を必要としたため、陳儀は四六年、日本留学の経験があり、魯迅が中華民国教育部に勤務していた当時の同僚として交流のあった、大学教授許寿裳が台湾に招かれる。このとき公署教育処長、台湾大学校長も日本留学経験者が選ばれた。許寿裳は、「日本は侵略国家であるが、彼らの学術については我々は保存しなければならない」と四六年の講演で発言している。台湾に入ってきた中華民国政府は、日本教育による台湾の「奴隷化」を批判し、これを止めさせるというのであったが、台湾省の人々はそこまで考えてはいなかった。加えて、日本は積極的に初等教育を推進したので、児童の進学率は〇七年の四・五〇％から、四四年の七一・

三一％に急増し、結果として、台北帝国大学、旧制専門学校五校、師範学校五校、中等学校四六校、職業学校一一七校が整備されていた。台湾省の人々の一連の反応は、日本が台湾の高等教育について抑圧する方向であったものが結果として充実し、中国内地よりも教育に関しては普及していたためであるという。

戦前の教育行政のうち、制度の枠組みと施設建設に関しては輸出が成功した事例といってよいであろう[10]。

2　敗戦後のGHQによる高等教育改革

敗戦後、新制大学の設置等を柱とする六三三四制が実施されたが、留学生に関する施策はとくにない。なお、一九四六年、第一次米国教育使節団の報告書が出された。この中で、高等教育の章の末尾に、国際関係という節が設けられた。ここでは、国際学術交流とその財源について言及している程度である。

3　戦後の先進国からの日本留学

わが国は、敗戦を契機に、米国の優れた科学技術を導入して、戦後の産業経済の復興を目指してきた。このため、先進国への留学は、すでに述べたように、さまざまなルートで実施されてきた。ところが、逆のルートというものは、現在までほとんど考慮されてこなかった[11]。先進国からの日本留学は、日本語、日本文化、日本文学、日本経済、日本史に代表される、日本に密接に関係する学問を専攻する学生が中心となった。また、これとは別に、宗教の布教活動を兼ねて日本に留学する者も多かった。

教育面では、あまりに日米で大学教育の方法に差があるため、不満をもつ者が少なくない。生活面では、英語を母国語とする留学生は、近年の外資系企業の進出もあり、英語学習熱が盛んになっているため、アルバイト先として英会話学校の講師となる機会が多いようである。

やや古い調査結果であるが、一九八五年に慶應義塾大学の岩男寿美子らが行った日本留学生の追跡調査によれば、欧米諸国からの留学生の五九％が日本語、日本文化の研究を第一目的としており、文科系専攻者が八三％を占めていたという。大半の人が、海外旅行または海外生活をしたことのある両親に育てられていることがわかるという。

4　文部省以外の役所による留学生に関する提言

日本を通り越してアメリカに向かう、中国、韓国人の行動については、日本が見捨てられていると感じて、なんとしてでも日本へ留学生を向かわせようと、施策を展開しようとする。しかしながら、これまで見てきたようにそれは誤解であった。中国人にとって、日本留学は一つの通過点でしかないことは、昔も、今も変わらないからである。

ジャパン・パッシング（Japan Passing）、留学生が、日本に来ないで米国に行くことについて、この用語は、そもそも、欧米の企業が、日本を通過して、アジアの新しい市場に進出していることを表した新語であったが、その後、わが国の経済学者は安易にこの用語を転用してきた。一九九九年五月に出された、旧郵政省の電気通信審議会の中間答申「二一世紀における高度情報通信社会の在り方と行政が果たすべき役割」においても、このことに触れ、「共感を呼び起こす」社会を目指して——積極的な情報発信による地球社会への貢献——として、ジャパン・パッシングとなったことについては、わが国が多様な「顔」がもてなくなったからであるとしている。中間答申で注目されるのは、「共感を呼び起こす」ことの必要性を訴えるとともに、その方策としてバランスのとれた国際化をあげ、中国、韓国からの留学生が、日本ではなく米国を目指していることをデータで示している。

同中間答申では、多様な顔を見せる努力として、国際交流基金の事務所数を増やすこと、若者が構築する文化等のネット上での発信、東京・京都以外に多くの魅力的な地域をもつこと、映像コンテンツの一層の充実、言語の壁については、インターネットの世界においては、正しく英語が使えることよりも、まず、コミュニケーションの手段として意を通じさせることに主眼がある、としており、最近の「英語第二公用語論[12]」とは異なる視点を示していることが際立っていた。

5　留学生一〇万人計画

一九八三年五月ＡＳＥＡＮ諸国を歴訪した当時の中曽根康弘首相は、帰国後、わが国における留学生受け入れの格段の充実を図るための基本方策の検討を指示した。これをうけて文部省は、文部大臣の諮問機関として「二一世紀への留学生政策懇談会」を設置して、八三年八月に「二一世紀への留学生政策に関する提言」を取りまとめた。このなかで、例示として九〇年ごろには当時の英国、西ドイツ並みの約五万人、二一世紀頃には当時のフランス並みの一〇万人を目指すとされた。

また、その後新設または拡充された施策により、在外公館での留学相談、日本での受け入れ世話業務機関の充実、留学生のための日本語教育の充実、日本語教員の確保、留学生宿舎の確保、帰国留学生へのフォローアップなどが実施された。

しかしながら、留学生数はバブルの崩壊から三年後の九四年度から頭打ちとなり、漸減したが、アジア通貨危機から二年後の九九年度から増加に転じて二〇〇〇年度には過去最高になっている[13]。

留学生を増加させる方策については、当時の文部省留学生政策懇談会が一九九九年三月に「知的国際貢献の発展と新たな留学生政策の展開を目指して——ポスト二〇〇〇年の留学生政策——」を取りまとめ、現在に至っている。

〇〇年一二月六日、文部省の発表した五月一日現在の留学生数は、六万四〇一一人で過去最高となり、前年比でも一四・八％増（八二五六人）と過去最高となったことがわかった。とりわけ、私立学校への留学生数は前年比二二％の大幅増となった。増加した留学生の大半は、私費留学生で、総数では五万三六四〇人に上り、前年比一八％増。留学生の出身国では、上位五カ国（①中国三万二二九七人②韓国一万二八五一人③台湾四一八九人④マレーシア一八五六人⑤インドネシア一三四八人）の順に変化はなかったが、中国が前年比二四・七％増の六三九〇人と大幅に増えた。日本の大学別では、東大が一九三九人でもっとも多く、ついで早稲田大の一一二九人、名古屋大一〇五〇人、京都大一〇四二人の順になっている。文部省（当時）では、留学生数が大幅に伸びた理由として「①国費留学生の受け入れ枠の拡大や私費留学生に対する学習奨励費の支給、留学生宿舎の整備などの支援が整備されてきた」「②日本の大学などで留学生の受け入れ体制の整備が進んでいる」「③アジア経済に回復がみられる」、などをあげている。

留学生数は、各大学で一様に増加してきたわけではない。一九九二年度の留学生総数は四万八五六一人であったが、このときは、①東大一五三三人②早稲田大一一八六人③日大九五四人④筑波大八三八人⑤慶応義塾大七七三人⑥京都大七六六人……⑩名古屋大五七一人であった。その後八年間で、東大、京都大、名古屋大ともに、留学生数は大幅な増加を見たが、なかでも名古屋大は、加藤延夫総長、松尾稔総長の時代で、この間一貫して留学生数を増加させ、ベスト3の一角を占めるまでになった。九七年にアジア通貨危機がおきてもなお、名古屋大の留学生数は増加した。

第四節　文部省・文部科学省の対応

1　戦後の留学生行政の変化

文部科学省のいう外国人留学生の定義は、出入国管理および難民認定法別表第一に定める「留学」という在留資格により、わが国の大学、大学院、短期大学、高等専門学校および専修学校（専門課程）において教育を受ける外国人学生をいう。

歴史的には、一九四六年に、文部省に調査局が設置され、文部統計を専門に扱うことになった。四九年には、それまで教科書局にあった国語課を移して、調査普及局と改める。五二年には、それまで大臣官房にあった宗務課を移して、再び調査局というようになった。このとき、国際文化課が新設された。五四年に、国費外国人留学生制度が始まると、国際文化課が担当する。六四年、調査局に、留学生課が新設される。六六年に、文化局が新設されると、国語課、国際文化課、宗務課は、文化局に移り、また、調査局の本来の機能である調査部門は大臣官房に移ったが、このとき、留学生課は大学学術局に移った。大学学術局は、四九年に新設された局で、高等教育全般と学術の振興を担う役目をもっていた。六六年には、一〇課を擁するに至っており、強大な権限があった。七四年、それまでユネスコ国内委員会事務局が独立していたのを文部省内部部局に取り込んで再編することで、大学学術局は、大学局（現・高等教育局）と学術国際局の二局に分割された。留学生課は、学術国際局ユネスコ国際部に設置されることになった。八四年の学術国際局の再編で、ユネスコ国際部が廃止されると、学術国際局留学生課となった。

大学レベルでは、国立大学では、留学生課を原則留学生数二〇一人以上の大学に設置してきた。また、入学前予備教育のための留学生センターを設置して日本語教育等を行ってきた。このほかにも、留学生業務担当職員、専門教育教官の定数配置を行ってきている。

また、留学生の主な受け入れ世話業務機関である、財団法人日本国際教育協会の事業の拡充が図られてきたが、戦後五〇年を機に村山内閣時代に、「平和友好交流短期留学生」制度がこの財団の事業として創設された。短期留学のための大学間交流協定の締結が前提となるため、短期間に多数の交流協定が締結された。例えば東大は、一九九〇年に四九件であったのが、二〇〇〇年には一九三件となっている。留学生の下宿・アパートの安定的確保のために、財団法人内外学生センターを通じた補助も行われてきた。

2　省庁再編後の留学生の位置づけ

二〇〇一年一月に、旧文部省は科学技術庁と合併再編し、文部科学省が設置されると、留学生課は、高等教育局に移されることになった。すなわち、これまでは、国際交流の範疇で予算を見ていたものを、これからは高等教育の一環として予算を見ることにするという位置づけとなったのである。

この点について、政策科学的な面から一言書いておくと、一九八七年の臨時教育審議会の答申に基づき、同年学校教育法が改正され、法律事項として大学審議会が設置された。九一年には、同審議会の一連の答申により、大学および大学院に関する制度は大幅に改革された。その際、大学の設置については、米国流のaccreditation（相互評価により認定する）と英国流のchartering（設置認可をする）についての議論が再燃した。とくに当時は、教育の国際化についての議論が盛んに行われ、米国大学日本校が各地に設置された。米国大学日本校問題は、大学の設置という問題について、二つの論点を持っていた。一つは、旧国土庁が主張する国土利用計画について、地方都市に大学を誘致して地域活性化を図ることについて、大学設置認可の作業が壁となり、各自治体が設置認可の不要である米国大学日本校を誘致したこと、もう一つは、日本の大学は一度設置認可するとその教育の質は再評価されないが、米国の大学は定期的に大学協会によって質を評価認定されるので教育の質が保持できるのであるから、認可という行政行為は無意味だという議論であった。前者は、すでに旧文部省としても、「公私協力方式」といって、校舎や敷地を自治体が提供して、運営は学校法人が行う大学の設置を認めていた。この方式で、近年多数の大学が設置されたが、少子化の急速な進展と、社会人学生の集まり方に地域差がはっきりと出るため、多くは苦戦を強いられている。すなわち、中長期的な展望をもって学生の確保の見通しが立たない場合は、地域の均衡ということは目をつぶる必要があるということがわかるのである。また、米国大学日本校自体も、学生の確保に苦戦を強いられ、多くは数年で撤退することになった。後者については、大学審議会の答申により、文部省令（現・文部科学省令）である「大学設置基準」の大綱化が図られるかわりに、各大学は教育・研究の自己点検、自己評価を行うことになった。

戦後GHQによる高等教育改革が実施された際に、四七年、財団法人大学基準協会JUAAが創立されたが、九一年の大学改革をきっかけに、同協会の維持会員になるためには、『大学評価マニュアル』により、審査・判定を受けなければならないという仕組みによって、相互評価の仕組みができた。

高等教育の枠組みに留学生を組み込むことは、この評価マニュアルの枠組みで考えることになる。したがって、英語での授業、日本語教育及び外国大学との単位互換がその中心の課題となる。また、高等教育の枠組みとは、量的整備の枠組みに組み込まれることを意味する。

八四年六月の大学設置審議会大学設置計画分科会報告「昭和六一年度以降の高等教育の計画的整備について」(14)では、「我が国の各高等教育機関が諸外国との交流を円滑に実施し得る体制を整備し、諸外国からの多数の教員、研究者、学生の存在が日常化するような状況を作っていくことが必要である。」とし、「外国人留学生の受入れについては、その拡充を積極的に図るため、入学者選抜の方法、教育指導の内容・体制、学位授与、生活条件の改善等、受入れ体制の整備を推進する必要がある。」としたところである。

留学生は、以前は大学の入学定員外とされていたが、これを定員化するようになり、入学定員は留学生込みの数字となった。

山形県酒田市の私立酒田短大（一学年定員一〇〇人）では中国人留学生が一四六人もいるという［『朝日新聞』二〇〇一年三月二五日］。高等教育の量的整備の結果、遠隔地に設置された大学が多数あり、定員割れを起こしている。結果として中国人留学生によって定員が埋まる大学がいくつか現れ始めた［同、一月二九日］。

第五節　留学生の肉声

1　日本からの留学生

日本からの留学生については、園田英弘の研究によれば、二つのタイプに分けられる。それは、「組織によって海外に派遣された留学生」と「個人として海外に出かけていった人びと」とである。これまで述べたなかで、文部省在外研究員制度で留学したものは、ハクがつく留学であり、前者に分類できる。これに対して、医師が私費で留学する場合は、「私的」性格が強いものであり、個人の技能を磨くことはできても、帰国後の就職が有利になるというわけではない。

園田英弘の同論文では、すでに述べた、清国からの米国留学中止の件と、一九八九年の天安門事件の際見られた、中国政府の対応との類似点を指摘し、「留学のパラドックス」と呼んだ。明治新政府においても、初期に似たことがあり、塩崎智の研究によれば、岩倉使節団が一八七一年一二月にサンフランシスコに向けて出港する際、公家出身の岩倉具視は、衣冠束帯にて出発したという。ところが周囲の反対に会い、のちに岩倉も洋装に改める。「自分たちを手本に近代化を推進しつつある弟分」として、アメリカ各地で歓待を受けたという。とくに一八七二年八月には、ボストンにて歓迎晩餐会があり、ボストン側は、交差した日米国旗がデザインされたウェブスター辞書を岩倉公に献上し、岩倉家の家紋を会場に装飾し、漢字メニューを用意して歓待したという。これは、日本「文化」の国際化が進むことがあるならば、とるべき態度として示唆的である。

外資系の会社で、長く日本に定着し、日本的とさえ評される企業に、日本ＩＢＭがあるが、その社長を勤めた椎名武雄の自伝によれば、椎名は、慶應義塾大学工学部を卒業する際、一九五一年私費で米国に留学したのであるが、「留学時代に私は、日本を愛していると自覚した。だがそれは、外国を嫌うこととは違う。愛国者だからこそ異文化を受け入れられる。」と記している［『日経新聞』二〇〇〇年一〇月五日］。

阪大病院第三内科といえば、過去三度にわたり、阪大総長を輩出した名門である。とくに山村雄一教授以来、免疫学の研究が盛んに行われてきた。三人目の総長となった岸本忠三の自伝によれば、一九七〇年、ジョンズ・ホプキンス大学に留学したという。留学先は、日本人教授である石坂公成の研究室であった。岸本は四年間その研究室にいて、七四年に阪大助手として帰国する。翌年、骨髄移植の権威ロバート・グッド博士が来日し、誘われるままに、七六〜七八年、毎年短期留学を繰り返す。そこでは、岸本はグッド博士の同居人であり、「毎日食事をともにしながら英語で質問を浴び続けた。結果が出ていなければ何も報告できない。この精神的な負担、重圧はどう表現したらいいのだろうか。」と記している［同、九月一四日］。

言語の壁と、研究の進め方における日米の違いに、こうした優秀な人材でさえ戸惑ったことがよくわかる。

一方で、不登校の若者を年に五〇〇名ほど留学させている斡旋会社がある。その体験者によれば、日本で、拒食症、不登校になっていたのであるが、オーストラリアでホームステイをしたところ、日本と教育方法が異なることが、かえって適応でき、「普通に食事さえできなかった私が外国の家庭で暮らせた。自信がついた。」と言っている［『朝日新聞』大阪版、〇一年二月二五日］。

では、普通に学ぶ学生が、留学した場合は、どうか。やや古い記録であるが、米国大学日本校では、英語を学び、学問は米国本校で、というシステムをとっていたところもあった。このシステムで、ニューヨーク市立大学リーマン校に留学した者は、「働きながら通う人や一度社会に出てから学んでいる人が多いから勉強には熱心ですが、サークル活動とか一緒に大学生活をエンジョイするという雰囲気がない」と産経新聞の取材に答えている。

苅谷剛彦は、留学生が異文化と接触することについて、「いったん日常性をもち、大衆性[15]をもってくると、それぞれの文化の『地』の部分が出てくる」と述べている。ニューヨークの国際教育研究所の二〇〇〇年の調べによれば、八万人を超える日本人がアメリカに留学しているが、そのうち四万六八七二人が留学生として大学に在学している。これは、中国（五万四四六六人）についで二位であって［『朝日新聞』〇一年四月一四日］、そろそろアメリカに対し、日本人の『地』の部分が浸透していてもおかしくないと思われる。

2　日本に来る留学生

杉本良夫は、アジアの若者たちの間に社会的資源の格差が拡大し、アジアからの留学生を、「国境を越えてよく似たスタイルや意識を共有する上層や中上層部の若者たちがおり、超国家的な潮流をつくっている」とした（『朝日新聞』大阪版二〇〇〇年九月二二日）。二〇〇〇年に実施された関西学院大学社会学部の留学生調査では、三一三人の回答者中、留学先としての日本について、「他の国に留学したかったが、日本にしか留学できなかった」が五四人（一七・三％）あった。時代は、やや遡るが、総合研究開発機構の助成研究の一つとして、財団法人アジア人口・開発協会が「在日留学生の学習と生活条件に関する研究」を一九八六年に公表している。この研究によれば、二四・三％に当たる二三五人が、「日本は第一志望の国ではなかった」と回答している。[16]

岩男らの調査によれば、タイからの留学生は、はっきりとした研究テーマをもたないまま留学する者について「何をしてよいかわからないままに卒業の時期を迎えてしまう留学生が多い」と指摘する。韓国からの留学生は、「日本の大学ではある程度平等に各講座に研究費が配分され、（中略）韓国ではアメリカ式の制度が導入されているが、そのやり方がアメリカほど公正ではなく、研究の内容よりも大学の名前が重視され、地方の大学や私立大学の教員はいっこうに研究費をもらえない」という。また別の韓国からの留学生は、日本の大学の工学部は実験を重視するので「日本に留学した人たちの方が実験がよくでき、帰国後韓国で活躍しやすい」という。

中国人の場合、日本語を学んだうえで留学してくる者は強い動機があることがわかる。[17]また、現在の北京師範大学附属実験中学の受験ブームに象徴されるように、将来大学生となり、留学する者は、従来と異なる過程により選抜されてくると思われる。

前述のローズ奨学生にしても、三輪裕範によれば米国のエリートが間断無くオックスフォードに送り込まれるにつれて、英国側でも、一九一七年にはじめて博士号を取得するプログラムが設置されるという改革がなされたという。[18]中国のエリートに関しては、劉建輝によれば、『アメリカの大学は中国で試験をして、奨学金も出し、多くの優秀な学生を引き付けています。（中略）中国政府の中枢に入って政策を牛耳っているのは、ほとんどが欧米留学経験者』と述べており（NIRA国際シンポジウム『二一世紀の日本のあり方』二〇〇一年三月）、それは、アメリカにフィードバックをかけることができる、政府間の非公式な対話のルートができることを意味している。わが国が他国のエリートを留学生として迎え入れる、という状況は、高等教育政策に関しても他国からよい意味でフィードバックがかかることを意味すると思われる。

3　言語の壁

日本、中国、韓国は同じ漢字文化圏である、という表現をされる。しかし、日本語に対する感じ方は、中国と韓国では異なるようである。すでに見たように日本への留学生の半数が中国からであり、韓国からはその三分の一にすぎないのであるが、国際交流基金日本語国際センターの一九九八年の調べでは、海外での日本語学習者総数が二一〇万二一〇三人であったのに対し、そのうち韓国は九四万八一〇四人、中国は二四万五八六三人となっていた。つまり、中国では、日本語学習者の八人に一人は日本に留学するのに対し、韓国では、七四人に一人が日本に来ているということになる[19]。つまり、中国では、日本に来るという強い動機がないと日本語の勉強をしないということが考えられる。なお、中国では、日本語が英語に続く第二外国語であるという。

日本国際教育協会は、従来の「私費外国人留学生統一試験」を廃止して、「日本留学のための新たな試験」調査研究協力者会議のもとに検討を行い、二〇〇二年度から、「日本留学試験」を実施することとした（『現代の高等教育』〇一年一月号）。これは日本版TOEFLにあたるものである。おそらく利用者の半分は中国人と予想されるが、莫邦富によれば、中国では、一九八一年から托福考試中心が設けられ、TOEFLが受けられるようになっていた。この受験熱は、九二年には冷め、国内でのビジネスチャンスに目を向けるようになったという。また中国にはすでに、「漢語水平考試（HSK）」という中国語の能力検定試験があり、九六年から中国への留学希望者は必ず合格しなければならないこととなっている。

実態として日本語学習者が増加しているため、海外で日本語を使用するに当って、外国での用例が逆輸入される可能性が出てきている。台湾における「哈日症」の現象も、アジア各国に見られ始めている。また、その流れは、ヨーロッパにも及んでいる〔『朝日新聞』二〇〇〇年三月二三日〕。一方、グローバリゼーションに呼応するように、世界各地で方言として話されていた、「英語」が、アメリカ英語とぶつかり始める。「インド英語」の話者は、五千万人ともいう〔小田実『朝日新聞』〇〇年一〇月二三日〕。インドからIT技術者が多数輩出され始めると、インド英語を意識せざるを得なくなってきたのである。シンガポールには従来から「シングリッシュ」があったが、グローバリゼーションのなかで、政府はシングリッシュ追放を呼びかけた〔『朝日新聞』〇〇年一月二二日〕[20]。ヨーロッパでは、EU本部で用いる「ユーロパント語」普及の問題が起きている〔『日経新聞』〇〇年一月七日〕。

白幡洋三郎は、阪神大震災のときの外国人被災者と、言語との関係から、緊急時コミュニケーションに対応できる「やさしい日本語」の効用について「広く異文化と共生することの意義を、いま一度思い起こそう。」と述べている〔『朝日新聞』大阪版〇〇年三月二四日夕刊〕。日本語が変化し、汎用化していくことを恐れてはならないのである。

4　デジタルデバイド

わが国は残念ながら、インターネットのインフラで立ち遅れており、また、技術者も不足している。グローバリゼーションが進むことは、じつは他国の様子も手に取るように明らかになることでもある。インド、韓国におけるIT革命の進行は、日本がデジタルデバイドに晒されていることを警告してくれた。一九九九年の日本のインターネット利用者率は、アジア第五位と低迷している〔『日経新聞』二〇〇一年一月一五日〕。すでにわが国でもIT分野での中国人留学生の採用は盛んになっているが、シンガポールはさらに熱心に勧誘を行っている。シンガポールでは、教育水準の高い知的移民を求めているため、学費を免除するということで勧誘した上、成績優秀者には、将来シンガポール国立大学に戻ることを条件に米国留学をさせている。中国復旦大学の講師からシンガポールで研究所員に引き抜かれたものの、米国ルイジアナ州の大学に再留学し、シリコンバレーで職を得た蒋亜林氏は、「米国でも、シンガポールでも、住む国にはこだわらない。能力さえ認めてくれれば」といい、留学先を良い条件の職を得るための踏み台として割り切る留学生の姿がある（岡野直『朝日新聞』〇一年一月一日）。

5　さいごに

留学生に留学を動機づけるにあたり、メディアが果たしてきた役割は無視することはできない。アジア消費者による自発的な日本文化受容〔岩淵〕に象徴されるように、メディアによるアイデンティティ形成の延長線上にあると思ってよいのではないか〔石田〕。結論を急ぎすぎたかもしれない[21]。少なくとも過去の日本人留学生や日本に来る留学生の足跡などから、相互作用の総体については、輪郭を追うことができたものと思う。

さいごに日本が誇れる数少ない産業である、ゲーム産業について触れる。『ポケットモンスター』というゲームソフトがある。九六年任天堂が発売し、のち、小学館がマンガにし、子会社である小学館プロダクションがアニメを制作、ジェイアール東日本企画を広告代理店として全国ネットで放送されたものである。のち、ポケモンは、九八年九月アメリカの地上波のテレビで放送される。私は以前日本の番組コンテンツがアメリカで放送されないことを疑問点として日米英の番組コンテンツの比較を行ったことがあるが、ポケモンはアメリカ特有の厳しい規制をクリアしたことを意味しているのである。

メディアファクトリー（リクルートの子会社）がポケモンカードというトレーディングカードゲームを販売すると、その人気は、日本よりもアメリカで過熱した。このカードゲームは、一般に table talk role playing game と呼ばれ、欧米では、九三年のマジック・ザ・ギャザリングをはじめとして、もともと愛好家があった。日本でも、ポケモンとは別に『遊戯王』カードゲームは人気がある。[22] 遊戯王の作者高橋和希によれば、カードゲームの人気について「相手の出方を見て、自分が見えるというのが友達関係の基本。テレビゲームは反応が一つしかない、それに子どもたちが飽きてきて、もっと生きた反応を求めていたんだと思う」と答えている［『朝日新聞』大阪版二〇〇〇年一二月二一日］。しかしながら、生きた反応は、ゲームの普及とともに異なる民族に受容され、思わぬ反応となって返ってくる。

こうしたカードゲームでは、力の強いカードはレアカードとされ、販売数が少ない。このため、収集家に射幸心を煽るとして、もともと社会の風当たりは強いものである。さらに、そうした反応とは別の反応がつぎつぎと起こってくる。ポケモンカードに寺院をあらわす卍が入っていた。これは、ハーケンクロイツを想起させるとして、修正せよという要求がアメリカで起きてくる。一九九九年一二月米国任天堂は、そのカードの販売を停止せざるを得なかった。二〇〇〇年一一月には、超能力をもつポケモンの名前がユンゲラーということに対して、日本でも人気のある超能力者ユリ・ゲラーが訴訟を起こした。サウジアラビアでは、アブデルアジズ師が宗教令としてポケモンカードを禁止した。ユダヤ教で使うダビデの星や、進化の考え方が入っていることも禁止の理由とされた[24]。その一方で、香港で発行のタイム誌アジア版で一九九九年の最高の人物として「ピカチュウ」が選ばれたことがある（『朝日新聞』九九年一二月一三日夕刊）。

こうした生きた反応の総体が、人々の目に触れる文化である。それは、たまたま、ゲームソフトという、大衆文化に密接に関わる産業に端的に現れているに過ぎない。日本人は、戦前は軍事力、戦後は経済規模で、国と国との間に序列をつけ、じぶんたちが序列の上位にいるものと思い込んできた。このため、他の先進国と横並びになるよう施策を立ててきた。これを留学生政策に当てはめるに当っては、生きた反応や外国人の目に触れる文化に密接に関わることでもあり、今後も慎重に組み立てていく必要がある。

註

（1）遣唐使に見られた、唐から帰国する学生（がくしょう）を還学生（げんがくしょう）というのに対して、唐に留まる学生を留学生（るがくしょう）といったのが留学という用語のはじまりとされる。

（2）塩崎智［二〇〇一］の研究によれば、当時、米国には約六〇〇名の留学生がおり、このときの帰国命令に反して、米国に残った者には、団琢磨（後の三井合名理事長）、山川健次郎（後の東大総長）らがいたという。

（3）近年、インドでソフトウェア産業が盛んになった。これは、ソフトウェアにつきものの、電話帳並みの分厚いマニュアルが、IBM、Sun、Microsoft等米国企業によって発行されるために、英語で書かれており、英語で高等教育を受けた者のほうが有利であるためである。もっとも、学生向きのコンピュータの解説書は、現在ではほぼ同時期に、日本語版やドイツ語版も発行されるのが通例ではある。

（4）日本人は、留学に関しても先入観が強い。これまで見たように、留学はエリートが国家的要請に基づいてするものだという考えが根底にある。一例を挙げれば、身近にフランスに留学した人がいるとすると、「ソルボンヌですか？」と問い返してしまう［八幡］。

（5）死亡例を日本人に認識させた代表は、一九九二年アメリカ・ルイジアナ州に留学していた日本人の高校生、服部剛丈君が、ハロウィンの夜に銃で撃たれて死亡した事件である。アメリカ人がすべてハロウィンを祝うとは限らないことを含め、外国と日本との違いを心得ておくことの必要性が認識された。

（6）あまりに大雑把な理解であるが、明清代の科挙の試験は、儒教の四書五経に関する出題を八股文という文体で解答させるものであった。股という対句表現と、一定順序による論理展開に特徴があった。これに対して、日本の大学入試センター試験の手本となったとされるフランスの大学入学資格試験「バカロレア試験」については、哲学について答えさせる論文試験が重視されており、長時間かけて論理的に考えさせるという意味では、意図するところは同じといえる。これに対して、日本の大学入試と公務員試験はともに科目別の試験によって決めている。国のあり方及び高等教育のあり方が変化する中で、日本はいち早く科目別の試験を取り入れたのであって、これを古い哲学の論文試験にもどすことについては、歴史的な検証が必要である。

（7）ここでいう留学生向けガイドブックは、『東京遊学案内』を手本にしたといわれる。［竹内洋］の研究によれば、明治二〇年代に入ると、試験によって才能ある人が高位高官につくことができるようになり、一八九〇年から毎年『東京遊学案内』という受験ガイドブックが刊行されるようになったという。

（8）理学、工学、農学の各分野における、博士学位授与数と大学院博士後期課程大学院生数（日本人含む）（次ページ上表）。

また、文部省留学生課の資料［一九九三］によれば、留学生の博士後期課程に関しては、学位が取りや

	理学博士	同院生	工学博士	同院生	農学博士	同院生
1965年	416	1,245	419	1,282	241	424
	(33.4)		(32.7)		(56.8)	
75	676	2,355	986	2,522	385	1,008
	(28.7)		(39.1)		(38.2)	
85	860	2,472	1,404	2,403	697	1,096
	(34.8)		(58.4)		(63.6)	
95	1,243	5,033	3,312	9,030	1,108	3,249
	(24.7)		(36.7)		(34.1)	

注）括弧内数字は、院生数比。文部省［2000］『文部統計要覧』による。博士授与には論文博士も含む。博士後期課程は３年制。

すいとされる保健分野も含めた理科系全体で、九一年度、入学者八七一人に対し、九二年三月学位授与数七四六人となり、八六％が取得したことになる。この数字は、上表と単純比較はできないが、上表の括弧内数字を単純に三倍した数字と同程度の数字ではある。

(9)　日本文学・日本文化論などを専攻する留学生を多く含む人文科学系の場合、一九九五年度の大学院生数は、日本人を含めて四六七五人であったが、博士学位授与数は三四四人と、七・四％となり、明らかに理工系よりは博士学位取得が困難であることが分かる［文部省二〇〇〇］。留学生に限っていえば、社会科学系を含めた文科系全体で、一九九一年度博士後期課程入学者二九一人に対し、九二年三月学位授与数七二人と、二五％となり、この数字を単純に三で割った数字と、七・四％という日本人を含めた数字とは同程度である［文部省学術国際局留学生課一九九三］。

(10)　もちろんすべてを美化してはならない。例えば、台湾には少数ではあるが、黄霊芝氏ら戦前の台湾で日本語で学校教育を受け、日本語で作家活動をしていた人々がいる。戦後日本語がタブーとなった後も、自問自答しつつも細々と日本語による作品を残している（『朝日新聞』大阪版二〇〇一年二月一六日夕刊）。また、丸川哲史によれば、終戦直後の北京による台湾支配に触れ、「こういう体制下では、日本的であるということが反抗の意味を持つこともある。それを読みとらずに、『日本への思い入れ』などと解釈するのは見当違いだ」としている（『朝日新聞』大阪版〇〇年一〇月四日）。

(11)　人物交流に関する予算は、途上国行きのものは少ない。ブリティッシュ・カウンシルも英国から途上国へ派遣する予算規模は概ね少ない。日本対象の予算も途上国型である。

(12)　二〇〇〇年一月の『二一世紀日本の構想』懇談会最終報告書「日本のフロンティアは日本の中にある」に盛り込まれた。これに対し、月尾嘉男は、「日本固有の文化が情報や資本をひきつけているとすれば、英語第二公用語のようなことにしてしまうと、その力を失う可能性が強くなる。」と警告している（『朝日新聞』大阪版〇〇年四月六日）。

(13)　このことは、従来からいわれている、留学生数の増減は、受入国側、送出国側の経済情勢が大きく関係する、という考え方と少し異なる。バブル崩壊により、留学生が日本で暮らしにくくなるということであれば、もう少し早く影響は現れるはずであり、アジア通貨危機中は、我が国の留学生数はすでに減少局面が継続していた。また、留学生数が一九九九年度、二〇〇〇年度と急増しているが、この間のわが国の経済は、失業率が増加しており、またデフレ懸念が起きる等情勢が悪化していた。

(14)　一八歳人口の増加と大学進学率の増加に対応するため、高等教育の量的整備が推進されてきた。高等教育の量的整備は、「首都圏の既成市街地における工業等の制限に関する法律」（昭和三四年三月一七日法律第一七号）によって制限を加えられてきた。現行計画である、一九九七年一月の大学審議会答申『平成一二年度以降の高等教育の将来構想について』では、ただし書きとして、「これまでの大都市抑制策が、大都市部の大学等の自由な発展を阻害している面もあるのではないか、大都市部の学生にとって進学が難しくなる傾向も見られるのではないか、いわゆる大学等の郊外化が、それに対応する環境整備を伴わずに進んだため、学生や教員にとって、大学における教育研究活動と学外での生活との間に機能的な問題点も生じているのではないか、等の課題も指摘されている。したがって、現在の大都市抑制の在り方については、高等教育全体の発展等の観点から、一定の弾力化を図ることが必要である」としたところである。しかしながら、この但し書きの趣旨が反映されるべきなのは留学生ではないかと考える。

(15)　トロウの分類によれば、高等教育学生が当該年齢人口に占める割合が一五％までは、エリート段階、一五〜五〇％までをマス段階、五〇％以上がユニバーサル段階という［柴野他］。日本の場合は、二〇〇〇年度学校基本調査速報値によれば、専門学校まで含めた高等教育進学率は七〇・五％となり、すでにユニバーサル段階にあることがわかる。結果として、留学に幅広い層が参加できるようになったといえるであろう。

(16)　二宮皓によれば一九七〇年代にヨーロッパで高等教育人口が急増した際に、"Numerus Clausus"（入学許可制限）で括られる施策が取られ、結果的に留学生の数も押さえ気味になったことから、アジアの留学生が、米国と日本に流入したことが背景にある。

(17)　東京大学大学院生（当時）の高媛は、吉林大学の学生時代に「中国の大学生『日本語作文コンクール』」に応募し、その過程で同年代の日本語学習者と知り合い刺激を受けたこと、念願の日本留学を果たし、同コンクールの実施主体であった国際交流研究所は個人の資金に頼る小規模なものだった。そこで「日中友好を叫ぶなら、口先だけでなく、国際交流研究所の活動のような具体的な行動を」と訴える（『朝日新聞』二〇〇〇年一〇月一二日）。大津市でコンピュータソフト会社を経営する（当時）田津は、西安市生まれで、日本のアニメやアイドルにあこがれ、日本語を勉強し、来日後は滋賀大学等で学び、起業した。日本のコンピュータ事情を中国でＩＴ技術を学ぶ学生にホームページで情報提供するのが目標という。日本で結婚し、子育てをするに当たり、日本のいじめ問題に関心をもち、大津市の「外国籍市民によるまちづくり懇談会」に参加した。「日本では自由や個人を尊重しますが、子どもの人格が出来上がるまでに、悪いことは悪いとしっかり教えるべきだと思います」と発言している（『朝日新聞』大阪版〇〇年一〇月一日）。

(18)　また、パブリックスクールでは、ギリシャ語、ラテン語の学習に重点が置かれているが、それは、英国の大学においても、それらが重視されていたためであった［藤井］。なお、オックスフォードは、一九一九年にギリシャ語の試験を必修とする資格試験の廃止を決めている。ちなみにフランス・バカロレアの「文学」コースの科目は、国語、哲学、ラテン語、ギリシャ語、文学、地理歴史、数学、理科、外国語であり、古典語が含まれている。

(19) ここでは、韓国からの留学生については、あまり触れていないが、それは分析が難しいためである。菅野朋子によれば、韓国財閥の日本進出により、駐在員として来日した人々の子弟が、民団系の学校に通い、「日本の子も在日の子も距離があるんですよ」という感想をもらしているという。

(20) しかしながら、シンガポール華人若者の二割が外国人になりたいという調査結果が出て、英語教育徹底のためにアイデンティティを喪失したのではないかといわれている（『朝日新聞』一九九九年一二月一七日）。

(21) 日本の教育ではグローバル化（国境を超えた問題）と国際化（国家間の問題）は異なる、という文脈に基づいて、Parmenterは、「アイデンティティの欠くべからざるパーツとしての、言い換えれば心の状態としての、グローバル化と国際化は、個人の責任においてなされた契約を通してのみ達成される」と述べ、アイデンティティは、個人の置かれた環境や個人の行動に左右されること、絶えず修飾され再構築されること、同時に複数のアイデンティティを持っていることを強調した。[Parmenter]

(22) 『週刊少年ジャンプ』に掲載された高橋和希のマンガ「遊戯王」に出てくるカードゲーム「デュエルモンスターズ」を一九九九年からコナミが販売しているもの。競技人口四〇〇万人、売上約六〇〇億円（『朝日新聞』二〇〇〇年一二月二二日）と、ポケモン市場（七〇〇〇億円、『朝日新聞』〇一年一月九日）の一〇分の一程度である。イベント会場でレアカードの販売を行うに当り、希望者が殺到したためイベントそのものが中止になったことがある（同、九九年九月五日）。この事件をきっかけとして、新聞等でも取り上げられ、『朝日新聞』は、〇一年一月に「遊んでる?」という連載記事の中で二度にわたり取り上げた（首都圏では一月六日、七日付）。

(23) ポケモンでは、ピカチュウをライチュウに進化させ、力を強くする。

(24) 『日本経済新聞』二〇〇一年三月二六日。カタールのカラダーウィ師も同じ理由で禁じた（『朝日新聞』

○一年四月六日)。これをきっかけに、マレーシアでは、ポケモンのアニメが反イスラムかどうかを調査し始めた(同○一年三月三一日)。

引用・参考文献

財団法人アジア人口・開発協会［一九八六］『在日留学生の学習と生活条件に関する研究』総合研究開発機構助成研究。

石井健一編［二〇〇一］『東アジアの日本大衆文化』蒼蒼社。

石田佐恵子［一九九五］「青年と現代メディア」『現代メディアを学ぶ人のために』世界思想社。

岩男寿美子・萩原滋［一九八七］『留学生が見た日本』サイマル出版会。

岩渕功一［二〇〇一］『トランスナショナル・ジャパン』岩波書店。

片山智行［一九九六］『魯迅—阿Q中国の革命』中公新書。

黄英哲［一九九九］『台湾文化再構築一九四五～一九四七の光と影』創土社。

高等教育の「情報化」と「国際化」に関する共同研究プロジェクト［一九九一］『高等教育の「情報化」と「国際化」に関する研究』、放送教育開発センター（現・メディア教育開発センター）資料。

実藤恵秀［一九八一］『中国留学生史談』第一書房。

産経新聞社会部編［一九九二］『大学を問う』新潮社。

塩崎智［二〇〇一］『アメリカ「知日派」の起源』平凡社。

柴野昌山、菊池城司、竹内洋［一九九二］『教育社会学』有斐閣。

柴野昌山［二〇〇一］「文化伝達と社会化」『文化伝達の社会学』世界思想社。

島田裕己編［一九九一］『異文化とコミュニケーション』日本評論社。

白幡洋三郎［一九九六］『カラオケアニメが世界をめぐる』ＰＨＰ研究所。

菅野朋子［二〇〇〇］『好きになってはいけない国』文藝春秋。

園田英弘［一九九一］「留学——文明摂取のための運動」『現代日本文化における伝統と変容7日本人にとっての外国』ドメス出版。

大学基準協会［一九九五］『大学評価マニュアル』。

竹内洋［一九九一］『立志・苦学・出世』講談社現代新書。

二宮皓［一九九三］「留学生交流と教育の国際化」『世界の教育』（放送大学印刷教材）。

NIRA委託研究報告書［二〇〇〇］『グローバル・スタンダードから見た日本のメディア報道』総合研究開発機構。

莫邦富［一九九六］『変貌する中国を読み解く新語事典』草思社。

畠山けんじ、久保雅一［二〇〇〇］『ポケモンストーリー』日経BP社。

哈日杏子著、小島早依訳［二〇〇一］『哈日杏子のニッポン中毒』小学館。

藤井泰［二〇〇一］「近代イギリスのエリート教育システム」『近代ヨーロッパの探求四　エリート教育』ミネルヴァ書房。

三輪裕範［二〇〇一］『ローズ奨学生』文春新書。

文部省［一九七二］『学制百年史』。

文部省［一九九一］『文部省機構関係法令集』。

文部省［二〇〇〇］『文部省のあらまし』。

文部省［二〇〇〇］『文部統計要覧』。

文部省学術国際局［一九八二］『外国人受託研修員受入れ参考資料』。

文部省学術国際局国際企画課［一九九六］『国際交流パンフレット』。

文部省学術国際局留学生課［一九九三］『我が国の留学生制度の概要』。

文部省大学学術局監修［一九六六］『大学管理運営関係資料集』。

文部省大学局［一九八三］『国、地方公共団体、学校法人の協力、相互援助方式による大学の整備について』。

八幡和郎［一九八四］『フランス式エリート育成法』中公新書。

読売新聞社中国取材班［一九九九］『チャイナＮＯＷ』中央公論新社。

留学交流事務研究会［一九九四］『平成六年度留学交流執務ハンドブック』第一法規。

劉建輝［二〇〇〇］『魔都上海』講談社。

「Newsweek 日本版」一九九九年一一月一七日号。

ド＝セルトー著、山田登世子訳［一九九九］『文化の政治学』岩波書店。

Collard, Susan [2000] "French cultural policy: the special role of the state", Kidd, W. & Reynolds, S (eds.) *Contemporary French Cultural Studies*, Oxford Univ. Press, pp. 38-50.

Parmenter, Lynne [2000] "Internationalization in Japanese Education", Stromquist, N. P. & Monkman, K. (eds.) *Globalization and Education*, Rowman & Littlefield, pp.237-254.

第Ⅲ部　新しい時代の「日本人」

第二章　日本人のアイデンティティと「国籍」
――新たな「国民」概念の模索

飯笹　佐代子

はじめに

本章では、「文化」から視点を転じて、「国籍」という観点から、日本人のアイデンティティや「国民」の範囲について考察を行う。「アイデンティティ」という語にはさまざまな意味があるが、ここでは主として、個人の国家への帰属意識と、それに基づいた国民の一体感、といった意味で使うことにしたい。

「国籍」は、法律の上で国家の成員を確定するものである。捉えどころのない「文化」的概念とは違い、「国籍」は法的な実体として存在する。しかし、日本人の両親のもとに日本列島で生を受けた人々の大多数にとって、「国籍」とは水や空気のように当り前の存在であり、あらためてその意味を問うような機会は日本で暮らすかぎりほとんどないかもしれない。他方、外国籍を持ちながら日本で暮らす人々の中には、社会の様々な場において排除を強いる強固な壁として、「国籍」を意識せざるを得ない人々もいる。その一つの場が選挙である。

これまで文化論として語られることの多かった日本人のアイデンティティが、近頃、この「国籍」の観点から論じられるようになったのは、永住外国人への地方参政権付与の実現化に向けた動きが活発化したことを契機としている。九〇年代半ばより政党レベルで政策課題として扱われるようになった外国人参政権に対しては、かねてより慎重論や抵抗があったが、二〇〇〇年九月、政府与党である公明・保守の両党より「永住外国人地方参政権付与法案」が国会に提出されるに際して、政界や論壇ではにわかに反論が高まることとなった。九月の臨時国会の初日には、自民党の反対派議員六四名による「外国人参政権の慎重な取り扱いを要求する国会議員の会」が設立された。メディアでも同法案への反対論陣が張られ、日本国籍を有しない住民が日本の選挙権をもつことは国家の危機を招くとして、日本人のアイデンティティにとっての「国籍」の重みを盛んに訴える論調が強まっていった。

反対論者にとって侵してはならない前提として自明視されているのは、「国籍」＝「日本人としてのアイデンティティ」＝「参政権」という等式である。この等式は、参政権付与の対象となる在日コリアンの一部によっても共有されている。次の見解にはそれが端的に示されていよう。

　今日の在日韓国人に見てとれるのは韓国籍を有しながらも韓国人意識に欠け、外国籍を有しながらも外国人意識に欠けるというアイデンティティと帰属（国籍）の間のズレであり、外国籍のままでの参政権はこのズレをむしろ永続化してしまうと考えられる［鄭大均］。

果たして、「国籍」と「国家への帰属意識」と「参政権」の三者の関係は不可分なものであろうか。そもそも「国籍」は、「帰属意識」を規定すべき所与の厳然たる事実として存在するのであろうか。こうした問いが、本稿の出発点である。最初に、日本における「国籍」概念について、その歴史的経緯を踏まえながら概観する。

第一節　「国籍」とは

1　「国籍法」の成立

日本で「国籍」という概念が登場したのはいつであろうか。嘉本伊都子の研究によれば、「分限」と呼ばれる「国籍」の出発点となる概念が誕生したのは、幕末から明治の初期の頃であったという。日本が鎖国状態から脱し、近代国家として国際社会への参入を開始した時期である。「国籍」を意味するナショナリティ（nationality）という英語には、実は「船籍」という意味もある。江戸時代の末期、幕府はついに海外渡航のための大型船の建造を許可することになるが、海外船と識別するために、一八五四年、日本の船は日の丸を掲げることが定められた。人の日本国籍より前に、日の丸という船籍を示す対外的なナショナリティが生まれたわけである［嘉本］。そして、日の丸の船に乗った者は、出身の藩や身分の違いを超えて、対外的に「日本人」になり得たのであった。ちなみに、「日本人」であることを保証する渡航免状、つまり旅券（パスポート）の第一号は一八六六年に幕府により発行されている。しかし、それはまだ「日本国籍」という概念に至るものではなかった〔同〕。

国籍に関する成文法の起源は、法学史的には一般に、一八七三年（明治六）の太政官布告一〇三号（通称「内外人民婚姻条規」）にあるといわれている。これが外国人とのいわゆる「国際結婚」に関する法律であることは、「国籍」が他国との関係性によって生まれるものであることを象徴しているといえよう。

一方、嘉本によると、同上の「内外人民婚姻条規」に規定されている「日本人タルノ分限」というのは、個人が国家と対峙して獲得する現在の「国籍」とは違って、日本人の「家」のメンバーになることによって差し許されるものであったという。また、「国際結婚」とは、当事者双方の国家が公式に婚姻を認めることによって、はじめて社会的に成立するものであると考えるのが妥当である。そうであるならば、厳密な意味での日本人と西洋人との「国際結婚」が成立し得るためには、日本が近代的な成文法としての「国籍法」を持ち、西洋諸国から「近代国民国家」として、当時の言葉では「文明国」としてみなされることが前提条件として必要であった〔同〕。

日本初の「国籍法」は、「内外人民婚姻条規」からおよそ四半世紀経過した一八九九年、西洋諸国からの近代化への圧力を背景に、まさしく対外的な関係の中で制定されるに至った。当時、草稿に関わった日本の法学者らは、西洋からの法学者に意見を求めながら、海外およそ三〇ヵ国の「国籍法」を丹念に研究した上で法案をつくったという〔塙〕。同法の成立は、日本にとって不平等条約の解消という側面をもっていたと同時に、日本が近代国家として西洋諸国から認知されるために不可欠なものでもあった。また、国籍法成立の数ヵ月後には、不平等条約改正問題との関連で欧米外国人の内地雑居が容認されることとなっており、国籍法の制定は、それに備えて「日本人」と「外国人」の区別を制度的に確定したという点でも重要な意味をもつことになった。

では、何をもって「日本国籍」の根拠としたのであろうか。当時は、日本人としての「血統」を辿るといっても、依拠できるものはせいぜい一八七一年に制定された「戸籍法」までであった。つまり、徳川時代の鎖国の終わりまで日本に居住していた人は、遠い祖先が誰れであるかにかかわらず、全て日本人であったとする前提（「条理国籍」と呼ばれる）に基づいて、「日本国籍」が定められたのである［田代］。

ここで「戸籍」について簡単に触れておきたい。国籍が日本という国家に属する「日本人」を対外的に示すものであるのに対して、戸籍は、国内の「日本人」を確定して管理するためのものである。一八七一年の「戸籍法」は、中央集権化を急ぐ明治政府によって、領土内の日本人を藩の所属や華士族平民の別なく一元的に把握することを目的に定められたものである。これは初めての全国規模の戸籍制度であり、近代日本の「国民」の創出という意味を持っていたといえる。尹健次によると、文字どおり「国民」という言葉が公式に初めて用いられたのは、この「戸籍法」においてであるという［尹：25］。この後ほどなく、戸籍制度は民法の家制度と結びつくことになる。

2　「血統主義」と「国籍」

日本の国籍法のきわだった特色として、しばしば言及されるのは、「血統主義」の重視である。手元にある事典にも「日本の国籍法は、ドイツと並んで、血統主義のうちでも血統そのものを国民的アイデンティティとみなす型の典型例……国民全体を血統によって結びついた大きな家族とみる観念が今日まで存続している……」と説明されている［『世界民族問題事典』：422］。確かに、日本の国籍法はその成立以降、血統主義の原則を比較的厳格に維持してきている。とはいえ、その「血統主義」を、日本的特殊性から必然的に生み出されたものとする捉え方は、必ずしも正しいとは言えないようである。

そもそも、一八九九年の国籍法成立の時点で、「出生地原理」が導入される可能性もあったことが柏崎千佳子の研究によって指摘されている。結果的に「血統主義」が採用されたのは、当時、法案のモデルとされた西欧諸国で「血統主義」が優勢であったこと、また日本の「戸籍」制度と整合性をとるために都合がよかったことが、主たる理由であるという［Kashiwazaki］。つまり、国籍法の制定時に、「血統主義」が国家の統合理念を反映するものとして採用されたわけではなかったということである。

さらに、少なくとも戦後に至るまで、「血統主義」は必ずしも日本の国民を規定してきたわけでもなかった。帝国主義時代、大東亜共栄圏構想が提唱される中で、大日本帝国が国籍法における「血統主義」の原則を維持しつつ、植民地の住民に日本国籍を付与（強要）したことを想起されたい。その場合の国籍付与は、統治側の日本人と同様の諸権利を保障するものではなかった。大日本帝国政府は、「国籍」と「戸籍」を巧みに使い分けることによって、植民地住民を「包摂」し、かつ「排除」するという微妙な立場に留め置いたのである。つまり、侵略を正当化して領土を確保するために、「国籍」付与という手段によって植民地住民を「日本臣民」として包摂する一方で、内地（日本）戸籍に入っていない植民地出身者は様々な権利から「排除」された［小熊一九九八］。この「国籍」による包摂と「戸籍」による排除というのは小熊英二の表現であるが、嘉本は「対外的日本人」と「対内的日本人」という概念によって、「国籍」と「戸籍」の使い分けを説明している。これに従えば、植民地の住民は「対外的日本人」ではあったが「対内的日本人」ではなかった［嘉本］。

ただし参政権については、内地の住民であれば一定の居住要件のもとに朝鮮戸籍や台湾戸籍の人々にも与えられていた（もっとも男性のみであり、当時は内地戸籍でも女性には認められていなかった）[1]。外地（植民地）の住民に対しては、一九四五年四月に、戦争協力への見返りとして制限つきながら参政権が付与されることが決定されたが、実現には至っていない。

ここで問題にすべきは、終戦を迎えたその同じ年の暮れ、それまで認められていた旧内地（「内地」は敗戦までの呼称）に住む朝鮮戸籍、台湾戸籍の人々の参政権が「停止」されたことである。当初、日本国籍である彼／女らの参政権を引き続き保持するとしていた閣議決定が、数十日の間に急きょ「停止」に反転した経緯を分析した水野直毅は、その大きな要因を、当時、朝鮮人に恐怖感を抱く政治家、官僚らの政治的、治安対策的な観点によるものとしている［水野］。そして、その際に排除の道具として使われたのが、「戸籍条項」であった。

なお、国籍に関して、日帝時代には二重国籍が容認されていたことを付記しておきたい。二重国籍の容認というより、他国の国籍を取得した人に日本国籍から離脱する権利を認めなかったと言う方がより正確であろう。内地の「日本人」に対しては一人でも多くの兵力を確保するために、また中国との国境地帯の「朝鮮人」に対しては植民地総督の監視下に置く必要からであった［小熊一九九八］。

「戸籍」は、一九五二年、対日平和条約（サンフランシスコ講和条約）が発効した際に国内の朝鮮人（および台湾人）から日本国籍が一方的に剥奪された時にも、決定的な役割を果すことになった。一律に朝鮮戸籍および台湾戸籍の人々が、日本国籍喪失の対象とされたからである。もとは内地国籍であっても、婚姻や養子等により内地戸籍から除籍されて朝鮮戸籍に入った人々も、日本国籍を失うことになった。その逆に内地戸籍に入った植民地出身者は、一方的に日本国籍を付与された。

単一民族論は明治期より存在していたが、多民族帝国時代には混交民族論の方が優勢であったといわれる。小熊は第二次世界大戦の終結によって日本が植民地を失った後に、「単一民族国家」言説が支配的になっていく過程を論じているが［小熊一九九五］、日本国籍が文化的、民族的同質性に基づいた排他的な「日本人」というアイデンティティと結びつくようになったのも、それに伴ってのことである。血統主義の原則がきわめて厳格に保持されるようになるとともに、法務大臣の裁量で決定される「帰化」は、その決定のプロセスは不透明なまま、日本国籍はいわば「単一民族国家」を支える同化のシンボルとして機能することとなった。そうした中で、「国籍」＝「参政権」という等式も促進されていくことになる。

男性のみが有するとされた参政権が、女性に初めて認められたのは、戦後の新憲法においてであった。一方、この「参政権」における男女平等の理念が「国籍」において実現するまでには、かなりの年月を要した。周知のように戦後もしばらくの間、国籍法の「血統主義」の原則が父系のみに基づくものであったために、外国人と結婚した日本女性の子供は出生時に日本国籍を取得することができなかった。父母両系による血統主義が採用されたのは、ようやく一九八四年の国籍法改正においてである。この法改正は、海外における両系主義導入の趨勢と国内でのそれを求める運動の盛り上がりのなかで、日本政府による国連の「女子差別撤廃条約」への批准を直接的な契機になされた。このことは、「国籍」概念が国際的な動向と連動して、とりわけ国際的な法規範の影響を受けて変わり得るものであることを示している。

ところで、「血統主義」と一口に言っても、父系か両系かによってその内実が異なったものとなることは、前述したとおりである。また、生物学的な血統ではなく「戸籍」への入籍が血統の根拠とされており、その意味では「血統」もまた、虚構性をもっていることを指摘しておきたい。

第二節　「国民」と「国籍」

前節では、近代国民国家の産物である「国籍」の概念が、他国との関係性のなかで、そして時に国家によって恣意的に（再）構築されるものとしての側面をもっていることについて述べた。本節では、「国民」と「国籍」の関係についてみていきたい。

1　憲法における「国民」

「国民」という言葉が公式にはじめて用いられたのは、前述のように一八七一年の戸籍法（太政官布告）においてであった。ところが、八九年に制定された「帝国憲法」では、「国民」に代わって、天皇に忠誠を尽くす服従者として「臣民」という語が使われている[2]［尹：27］。その後、「国体」思想が確立されていくなかで、「臣民」化は日本だけでなく植民地の住民にまで及んでいくことになる。また、日清戦争を経た九〇年代後半には、「民族」という新しい造語が人種・文化・伝統などの含意をもつ語として明確になり、「大和民族」や「日本民族」という言葉が、日本によるアジア侵略の展開に伴って定着していった［同：33］。

戦後になると、「臣民」や「日本民族」という語は、「日本国民」や「日本人民」、「日本人」という語に置き換わっていく。特筆すべきは、日本国憲法の制定過程において、当初、総司令部案（マッカーサー草案）に示されていた「people 人民」や「persons 自然人」の語が、最終的に日本政府側によって「国民」に置き換えられたことである。加えて、マッカーサー草案にあった内外人平等の原則や、外国人の人権条項そのものも、日本政府によって削除された［同：52］。さらに、マッカーサー案にはなかった一〇条「日本国民たる要件は、法律でこれを定める」の追加によって、「国民」は日本国籍保持者に限定されることとなった。こうして、一九四七年、「外国人」に関する明文規定が極力削除された形で新憲法が施行されるに至る。そして、新憲法下で制定された法律等で「日本国民」とある場合には、国籍要件を示すものと解され、社会保障をはじめとする種々の権利から日本国籍を持たない住民が排除されることとなった。

しかしながら「日本社会の閉鎖性の代名詞のような存在」［古関］となった「日本国民」、「国民」の範囲は、やがて見直しを余儀なくされていった。現在では、学説・判例ともに、憲法で「日本国民」や「国民」を権利の享有主体とした条文であっても、たとえば幸福追求権や平等権などのように、権利の性質によっては外国人にも及ぶと解釈されるのが一般的である。また日本政府が「国際人権規約」や「難民条約」を批准することにより、八〇年代初頭には、義務教育が外国人にも開かれ、国民年金法や公営住宅関連法などから国籍要件が撤廃された。

2　外国人参政権論議における「国民」

再び外国人参政権論議に戻ると、その是非をめぐる憲法解釈上の重要な争点をなしているのは、この「国民」に関連するものである。先ず、憲法一五条の「公務員を選定し、及びこれを罷免することは、国民固有の権利である」の「国民」については、「国民主権原理」との関係においてその権利の性質上、外国人には及ばないとする解釈が多数説である。ここでの「国民」を、永住資格を持つ住民を含むとする説や、あるいはより広く、生活の本拠を日本におく定住外国人までを射程に入れる解釈もある。これらは主として外国人への国政レベルの参政権を支持する論者たちによって主張される解釈であるが、少数派にとどまっている。

もう一つの争点は、憲法九三条が規定する「地方公共団体の長、その議会の議員及び法律の定めるその他の吏員は、その地方公共団体の住民が、直接これを選挙する」における「住民」の範囲についての解釈である。これを国籍保持者である「国民」の部分と捉えるのか、あるいは永住外国人、定住外国人も含まれるとするのかで、見解がわかれている。

なお、一五条の「国民固有の権利」の「固有の」という言葉に着目した論争にも言及しておきたい。「国民固有の権利」の解釈をめぐる、きわめて重要な論点が提示されているからである。これを「国民のみが専有する権利」として捉えれば、外国人への参政権付与は、「国民固有の権利」に違反するものとなる。しかしながら、この場合の「国民固有の権利」を「国民から奪ってはならない権利」として解するのが正しいとすれば、選挙権を国民のみに限定する根拠は失われることになる。[3]

憲法解釈の問題は外国人参政権論議における重要な論点であり、以上は複雑な問題の一部を非常に単純化して示したものにすぎないが、本稿の課題ではないのでこれ以上立ち入らない。ここで強調したいのは、地方公共団体の「住民」だけでなく、実は「国民」という概念自体も、憲法では所与の自明なものではなく、権利の性質をどのように解釈するのかによってその範囲が違ってくるということである。また、たとえ、一五条の「国民」を日本国籍保持者とすることが一般的な解釈であったとしても、「国籍」の定義は「国籍法」の改正によって変わり得るものである。つまり、憲法自体は「国民」が誰かについて、具体的かつ一貫した定義を何ら明示していないということになろう。

第三節　問い直される国家／社会の構成員——国籍・参政権・市民権

1　外国人参政権付与推進の背景と示唆

現在、日本において外国人への参政権付与を推進する動機としては、次の二つを挙げることができる。一つは、一定期間日本に定住している外国籍住民を社会の構成員として受け入れ、政治・社会参加を促すことによって、新たな共生社会を築いていこうとする「未来への準備」としての側面である。もう一つは、植民地支配に由来する在日コリアンが、戦後、強制的に日本国籍を喪失させられた経緯を踏まえた「戦後処理」の一環としての側面である。在日コリアンへの選挙権付与は、当然ながら、将来に向けての共生という課題でもあるが、「過去の清算」という意味合いを強く含んでいる。

外国人参政権をめぐる議論は、具体的な法案となる段階で、前者の将来の共生という課題よりも、後者の「戦後処理」の側面が前面に出されるようになっていったことに注目したい。参政権付与の対象が、定住外国人のなかでも「永住者」に絞られることによって、数では「一般永住者」よりも圧倒的に多いニュー・カマーが外され、二〇〇〇年九月の自民党内での調整の過程では、「永住者」のなかでも、戦前からの歴史的経緯をもつ「特別永住者」のみに限定する修正案も提案されるに至っている。最終的に九月の特別国会に提出された公明・保守両党による法案では、「特別永住者」に限定されることなく「永住者」全般とされたが（民主党も、同日にほぼ同様の法案を提出）、「永住者」全体の約九割を「特別永住者」が占めていることから、現段階では「戦後処理」の色彩が強いことは否めないであろう。樋口直人はこうした近年の参政権論議の変遷を、「地方市民権」論から「過去の国民」の処遇をめぐる問題への移行と捉えて、興味深い分析を行っている［樋口］。

このように、参政権の議論が「戦後処理」に収斂していったことに対しては批判もあり、未来志向の「共生」の視点から検討し直すべきとして議論の喚起を求める声もあがっている(4)。その背景には、少子・高齢化がいっそう進むとの予測のもと、海外からのＩＴ技術者の登用や介護労働などの外国人労働者の導入、さらには本格的な移民政策導入の可能性までが政策課題として挙がってきているという状況がある。しかしここで認識しなければならないのは、近い将来に移民政策を採用するか否かにかかわりなく、既に現時点で、日本社会には「永住者」の他にも少なからぬ外国籍住民が暮らしているという事実である。彼／女らは職場や学校など、日本社会の様々な局面に参画しており、長期的な定住化も着実に高まる傾向にある。

こうした現状、さらには今後ますます外国籍住民が増加する可能性からみた場合、近年の参政権論議は、日本的な過去の経緯という狭い文脈を超えて、国境を越えた人口移動の活発化によって拡大する国境内の住民と「国籍」とのズレという問題に関わってくるものといえる。そうした状況のなかで、参政権論議が提起している問題は、国家／社会の構成員の再定義という、きわめて今日的でグローバルな趨勢に連なるものとして捉えることができよう。

国家／社会の構成員の再定義については、以下に示すように、具体的には外国人の「市民権」や

「国籍」概念に関する議論として問題化している。

2　外国人の「市民権」

「市民権（citizenship）」は多義的な概念であるが、ここでは、「国内法における個人の諸権利とそれに伴う諸義務」として、この語を使うこととする。一般的に近代国民国家システムのもとでは、国籍保持者のみが「市民権」を享受でき、外国人が様々な権利から排除されるのは当然であるとされてきた。実際には、西洋諸国においても、また先述したように日本においても、歴史的にみて「国籍」は必ずしも「市民権」を保障するものとはなっていない。それでも、「国籍」＝「市民権」という等式は、国民国家の規範（理念型）として個々の国家内の諸制度に組み込まれてきたのである。

ところが、人の移動のグローバル化に伴って、国家が自国の領土内に多くの外国籍住民を抱えるようになると、従来の国籍を前提とした諸制度だけでは民主主義自体が十分に機能しないような事態を招来することとなった。とりわけ欧州諸国では、一九七〇年代以降の移民の定住化を背景に、外国籍をもつ住民の社会統合の促進が政策的な重要課題となり、社会的・経済的領域における諸権利が次第に保障されるようになっていった。さらに、イギリスの政治学者レイトン－ヘンリーが、移民が定住化する過程で最後に獲得するとした政治的権利については、「参政権」が、地方レベルに限定されてはいるものの、スウェーデンをはじめ、デンマークやオランダ、ノルウェー、フィンランドなどで、移民の国籍を問わず認められることとなった。

こうした試みとはやや異なる文脈において、欧州では国家の枠組みを超えて共有される「市民権」への模索も行われている。欧州連合（ＥＵ）で九〇年代に創設された「欧州市民権」がそれである。

これにより、欧州連合加盟国の国籍をもつ人は、自国以外の欧州連合内の居住地において地域レベルの参政権を行使できることになった。

外国籍住民の権利保障をめぐる議論は、学術会においても「デニズンシップ denizenship」［Hammar］や「新しい市民権」、「地域市民権 local citizenship」、「排他的な所属（国籍）を条件としない市民権 full membership of the state without membership of the nation」［Brubaker］、「トランスナショナル市民権 transnational citizenship」［Bauböck］などの新たな概念のもとに注目を集めるようになってきている。国家や社会の実質的な構成員であること、あるいは「将来の国民」となる可能性の高いことを根拠とする外国人への「市民権」付与は、あくまで「国民国家」の枠組みを前提としたものであるということができる。それに対して、普遍的人権という観点から、国家を超えた「市民権」を主張する論者もある［Soysal］。「人権」と「市民権」の境界をどのように引くかについては「市民権」論争の重要な争点の一つであるが、外国人の「参政権」を「人権」と捉える見解は、いまだ主流にはなり得ていないようである。さらに、国民主権原理の観点から、現状では外国人参政権を認めている事例のほとんどが、国政ではなく地方レベルに限定されている。(5)

3　「国籍」概念の変更

国境内の住民と「国籍」のズレ（不一致）は、以上のような「国籍」とは切り離した形の「市民権」の拡大とともに、「国籍」へのアクセスを容易にするために、「国籍」概念自体の変更・拡大をも促している。オランダでは、八〇年代に外国人住民への参政権が認められたのとほぼ同時期に、それまで段階的に進められていた血統主義的な国籍原理から出生地主義的な国籍原理への転換が図られるなど、「市民権」の拡大と「国籍」概念の変更の両方が行われた［金］。一方ドイツでは、一九九九年、新政権のもとで、ＥＵ加盟国以外の外国籍住民に対しては依然として「国籍」＝「参政権」のルールを維持しつつも、与野党攻防の末に国籍に出生地原理が導入され、二重国籍も一部、容認されることとなった。ドイツは一般的に日本以上に厳格な血統主義を貫いてきたとされることから、こうした国籍概念の変更は、少なくともシンボリックな次元においては画期的な国家理念の変容を反映するものであるといえよう。

こうした外国人住民への「市民権」の拡大や「国籍」概念の変更には、強い反論や政策上の揺れもどしがないわけではない。国家の構成員／非構成員、あるいは国民／外国人の境界の引き直しは、かたや福祉国家の衰退や、懐古的な「国民」概念への回帰を求める動きと、かたや加速する国際人口移動がもたらす国民国家と民主主義のジレンマを是正する動きとのせめぎあいのなかで、たびたび政治的な争点となっている。「国民国家」システムが続く限り、国家の構成員に誰れを含め／含めないのかという問題は、永遠に解決の見い出せない課題であり続けるかもしれない。境界の引き直しは、常に新たな他者を境界の外側につくりだすということだからである。一つだけ明らかなことは、歴史が証明するように、実状を無視して過去にたち戻ろうとする線引きは、社会の緊張や不安を一層増すだけであるということである。

4　日本における国籍法改正をめぐる議論の限界

翻って日本では、外国籍住民の「市民権」という観点からみた場合、労働や社会保障等の領域においては、制度と運用の乖離をはじめ種々の問題点を抱えながらも、既にある程度の権利が認められてきている。その背景要因として、国際人権規約や難民条約などの国際的な法規範による国内への影響を無視することはできない。しかしながら、近年の地方参政権付与に対する反論は、「国籍」＝「参政権」の等式を断ち切ることへの抵抗感が、政治家や一部の論者を中心にいかに根強く存在しているかを浮き彫りにした。抵抗を示しているのは日本側だけではない。たとえば朝鮮総聯側も、同化主義や内政干渉につながるとの観点から、反対の意思を強く表明している。

二〇〇〇年九月の臨時国会に提出された永住外国人地方参政権付与法案は、二〇〇一年三月の国会でも再び継続審議に付された一方で、「特別永住者」の国籍取得を緩和するための方策が検討されている。自民党内には、「国籍」を前提とした「参政権」の線を堅持したまま、国籍法の改正だけを優先させようとする動きもあるという。現時点で提案されている国籍法改正案をみるかぎりでは、素行条件の客観化が図られ、また法務大臣による「裁量帰化」ではなく、届け出による「権利としての帰化」を認めていることなど、より透明性ある基準への改善も見られる（『産経新聞』二〇〇一年五月九日朝刊）。しかし、帰化要件緩和の対象は「特別永住者」のみに限定されている上に、出生地原理の導入や「二重国籍」の容認にまでは全く踏み込んでいない。帰化による「日本国籍」の取得が、日本という国家への一元的な帰属意識の強要を意味していることとの問題性については、問われないままである。出生地原理や二重国籍を認めることなしの単なる手続きの簡易化は、一元的な重い「国籍」概念を相対化するための根本的な解決には程遠いといえよう。

多くの国が「多重国籍」を容認する方向に進んでいるなかで、日本はそれを防止するためのきわめて厳しい制度を維持しているといわれる。個人が一つの国家とのみ排他的な関係を取り結ばねばならないとする考え方は、国境を越えた人口移動や国際結婚が増大するなかで、その有効性をどこまで維持することができるであろうか。日本だけが、旧来の国民国家に基づく制度を固守することによって、「市民権」や「国籍」の新たな方向性を模索するグローバルな潮流から無縁であり続けることはおそらく不可能であろう。

外国人参政権付与への反対論者は、一部の欧州諸国を特異な事例として退け、国籍を前提とした参政権付与を原則とするアメリカを例に挙げながら、「国籍」＝「国家への帰属意識」＝「参政権」の正当性を強調する。しかし、アメリカをはじめカナダやオーストラリアなどの、いわゆる「移民国」では、国籍取得において出生地原理が認められているとともに「重国籍」に寛容なことから、移民二世以降が参政権をもたないという状況は現実にはほとんど起こっていない。また、「多重国籍」が可能であるならば、「国籍」＝「帰属意識」の等式の意味も日本の場合とは異なってくるであろう。(6)

一方、国籍へのアクセスが比較的容易なアメリカで、帰化しないグリーンカード（永住許可証）取得者が増えているという。グリーンカードは、将来のアメリカ市民になるためのステップではなく、国境を越えた自由な移動とアメリカでの合法的な就労を可能とする手段として機能しているのである［伊豫谷］。こうした傾向は、確かに国籍の取得が外国人差別からの解放を必ずしも保証しないという現実に根ざしている一方で、「国籍」を超え、「国家」を相対化していく原動力としての有効性を秘めていると捉えることも可能であろう。その意味では、上のケースとは逆に、アイデンティティの選択に迷うことなく、生活のために有利であるという理由で国籍を取得する人々が増えることもまた（その是非をめぐる議論はともかくも）、「国籍」＝「帰属意識」をきりくずしていく力になり得るかもしれない。

第四節　新たな「国民」概念に向けて

1　実態としての日本社会の多様な構成員

現時点での日本の「国籍法」における血統主義の重視や一国籍志向、厳格な帰化制度からは、依然として単一民族志向で、均質な文化に基づく排他的な日本人＝国民像が浮かび上がってくる。法律は往々にして現実を後追いするものであるとはいえ、今の日本社会の都市部の日常を見るならば、多くの人が「単一民族神話」は文字どおり「神話」に過ぎないことを実感するであろう。

現在、日本の社会は、日本国籍の保持者以外にも多様な住民によって構成されている。例えば、「社会学的な日本人」(7)と称されるようなカテゴリーに含まれ得る人々がいる。人種やエスニックな出自にかかわりなく、日本語を母語とするなど生活実態上の文化の共有度がネイティブの「エスニックな日本人」ときわめて近い人々のことである。在日コリアンの二世代以降の大半はこうした人々であるということができよう。

これとは逆に、血統的な出自としては「エスニックな日本人」であるが、日本国籍を持たず、いわゆる「日本的な」文化や生活習慣を必ずしも共有しない人々もいる。「日系人」（三世代目以降）や「中国残留孤児」として日本に帰国した人々に多い。ブラジルやペルーからの「日系人」の多くは、一九九〇年代に「定住者」や「日本人の配偶者等」の査証で来日し、その大部分がいわゆる「単純労働」の担い手となった。「定住者」という滞在資格は九〇年の入国管理法改正で新設されたもので、「日本人の配偶者等」とともに労働制限が課されていないことから、「日系人」に対する入国の優遇は日本的な強い血統主義に基づいた非公式な移民政策として一般に受けとめられる傾向がある。しかしながら、実際は、その入国政策は日系人を外国人労働者として受け入れることを目的に導入されたわけではないことが、梶田孝道によって指摘されている。「日系人」の地位変更は、在日コリアン三世問題の決着という別の課題との関連でなされたものであり、ペルーやブラジルからの「日系人」の多くが「単純労働」に就くようになったのは、法改正の「意図せざる結果」であるという［梶田］。その一方で、「意図せざる結果」といえども、それが入国者と受け入れ側の双方によって大いに利用されることになったという側面も否定できないであろう。

日本社会を構成する住民のなかには、前述のいわゆる「社会学的日本人」や「日系人」のカテゴリーに入らない人々も多い。彼／女らの言語をはじめとする「日本的な」文化の共有の程度は人によって、また滞在期間によって様々であるが、その子供たちが「社会学的な日本人」となる可能性は高いといえる。

余談になるが、「日系人」について特筆すべき点として付け加えておきたいのは、「血統」を共有する「日系人」の帰還・入国が、彼／女たちの育った国の文化を持ち込むことによって、日本社会の多文化化を促進するという逆説的ともいえる現象についてである。それは時に深刻な文化摩擦を生みながらも、ある種の文化的な混交現象をもたらしている［梶田］。こうした文化をめぐる問題は、日本だけでなく、多くの民族的同胞の帰還者・入国者を受け入れている今日のドイツやイスラエル等の状況も踏まえると、グローバル時代における「文化」研究の興味深い課題を提供するものとなろう。

2　包括的な「国民」概念に向けて——「日本列島民」(仮称)の提唱

日本国憲法において「国民」が必ずしも日本国籍保持者を意味するわけではないことは、先述したとおりである。憲法から離れて、日常的にも「国民」という語は「日本人」とともによく使われる言葉である。しかし、その意味するところは曖昧な場合が多い。エスニシティとしての「日本人」性を強調するかたちで「国民」が語られることもあるし、また別の場合には、日本に居住し、実質的に日本社会を構成する人々を広く含む概念として「国民」という表現が用いられている。前者の例としては、近年話題となった『国民の歴史』を挙げることができよう。ここでの「国民」の歴史とは、「近代日本国家の形成過程で民族として回収されたものの歴史」〔近藤孝弘〕としての側面が強く、それは、現実に日本社会を構成する多様な文化的背景をもつ人々によって必ずしも共有されるものとはなっていない。

類似の「国民」観は、政府関係の文書にも見出すことができる。最近では、首相の諮問機関である「教育改革国民会議」の第一分科会による「日本人へ」と題された報告書が、その一つの例である。「日本人へ」という呼びかけで始まるこの報告書は、「日本を祖国として生を受け、その伝統を血流の中に受け」ていることに注意を促し、「共通の祖国を持つあなた達に」で締め括っている(8)。こうした「民族性」や「伝統」を強調する「国民」観の問題は、外国籍住民にとどまらず、既に日本国籍を持つ外国出身者までをも排除するような排他的な「国民」観に結びつく危険性をもっていることである。

一方で、民族性を抜き取った「乾いた国民概念」を求める論者もいる〔同〕。「民族」と「国民」をはっきりと区別すべきとの立場からの主張である。しかし、「国民国家」の枠組みが存在するかぎり、果たして「国民」は完全に乾いた概念となることができるのであろうか。一九七〇年代に多文化主義を国是として採用し、多くの移民受け入れの歴史をもつ多民族国家オーストラリアでさえ、イギリス的な民族性に根ざしたナショナル・アイデンティティから、「シヴィック・アイデンティティ」――市民性に根ざしたナショナル・アイデンティティ――への転換をいかに図るのかが、今もって政府諮問委員会による提言書（Australian Citizenship Council）の主要課題となっている。また、日本に比べてはるかに民族的・人種的に多様な国民を擁するイギリスにおいても、最近、あるシンクタンクがイギリスの将来について論じた報告書〔Parekh〕で、多民族国家という現実を受け入れるためにもはや「イギリスらしさ・イギリス的なもの・Britishness」という言葉は時代遅れであり、捨て去るべきだとした提言が反響を呼び、まさしく「国民的」な論争に発展しているという[9]。民族性ではなく「政治的理念」に基づいて建国されたといわれるアメリカやフランスの「国民」が、どこまで乾いているかを議論することもまた、むずかしいといわねばならない。

文化本質主義的（この語については、本書の序章を参照）な「国民の物語」は、程度の差こそあれ、どこの国にも存在しているものである。藤原帰一は、それらが一定の支持と共感を呼ぶのは、規範や倫理ぬきで「国民」が「国民」であるだけで意味を与えてくれる居心地のよいものだからであると述べている〔藤原〕。しかし、その居心地のよさは、一方で他の国民への不寛容と偏見に支えられている場合もあることを認識しなければならないであろう。他者を省みずに自閉的な居心地のよさだけを求めることは、国際関係に負の影響を与えることになり、それは結果的に自分たちに不利益をもたらすかもしれない。また「国民の歴史」や「国民の物語」によって紡がれる均質な「日本人のアイデンティティ」という幻想は、個別に取り組むべき社会的な問題群を覆い隠し、社会の不安感や閉塞感を運命共同体としての国民／日本人の「アイデンティティの危機」言説に摩り替えてしまう危険をはらんでいることにも留意する必要があろう。

国家／地域間の相互依存が深化し、人の移動が増加する二一世紀は、内向きで懐古的な「国民」観だけでは、新たな時代を切り開いていくことはできない。共存のための第一歩として、国家／社会の構成員の全てを含み、民族的な感情を共有しない人であっても排除することのない「国民」概念を志向していくことが求められるであろう。「国民」という言葉が「国家」に結びついた語感を与えるのであれば、別の言葉——たとえば「日本列島民」——に置き換えることも一案である。過去の民族的な記憶ではなく、社会の構成員としての一定のルール（それ自体、所与のものではなく変わり得る）と、現在の居住地への愛着を共有する人々を包括する「国民」概念への転換は、必ずしも、いわゆる「日本人」性や民族性を捨て去ることを意味するのではない。むしろ、「日本的」であると思われていること／ものついて、オープンな形で議論をし、相対化していくことによって、あるいは、「日本的」なものを（再）発見／（再）確認する過程でもあるかもしれない。

そして、この「日本列島民」という発想において、外国人参政権論議に立ちはだかる「国籍」の壁は、より越えやすいものとなるのではなかろうか。

結びに代えて

外国人地方参政権付与法案の是非をめぐる議論は、憲法論争や法的な手続き論に加えて、「国籍」

の意味や、日本人のアイデンティティと「国籍」の関係、さらには「国民」とは誰かといった問題を問い直す契機を提供した。日本で「国籍」の概念が生まれたのは、近代国民国家日本の黎明期である。その歴史はようやく一〇〇年が経とうとしている。その歴史においては、日本の領土の拡張や縮小に伴って、「国籍」が政府によって一方的に与えられたり、剥奪されたりということも起こった。また、「国籍」の概念は日本的な独自性を持ちつつも、国際的な法規範の影響下に変わり得る側面をも有している。

自明と思われている「国籍」＝「日本人のアイデンティティ」＝「参政権」という等式が定着するようになったのは、戦後以降のことである。欧米諸国を中心に、この等式はすでにゆらいでおり、そうした潮流は日本にも及びつつある。「国民国家」の枠組みは当面は維持されるとしても、グローバリゼーションの進展に伴って、既にその内実はかなりの程度、変容しつつある。その一つが、個人が一国家とのみ排他的に結びつくとするメンバーシップのあり方と、それに基づく国家の役割の見直し・再編であるといえる。

日本においても、「国民」をめぐる法律上の理念と社会的実態との乖離は、今後、様々な具体的な形で政策課題となっていくであろう。外国人参政権論議は、現段階では「過去の清算」としての側面が強いとはいえ、その端緒を開く可能性をもっており、この議論自体を、新たな地平を開くためのプロセスとして積極的に位置づけるべきであろう。

最後に、「文化としての日本人」（次章）と、本稿で提示した広義の「国民」概念としての「日本列島民」（仮称）の関係について述べておきたい。前者は居住地を問わないボーダーレスな概念であるのに対して、後者は日本列島に居住しているという事実に基づく概念である。「日本列島民」の多くは「文化としての日本人」であるかもしれないが、そうでない人もいる。両者の共通点は、ともに閉じられた概念ではなく、常に開かれていることである。「文化としての日本人」という存在の発見や「日本列島民」という意識を共有することによって、これまでの「日本人」概念を相対化し、「国籍」を超えた新たな共存への道を築いていくことが、今、求められている。

註

（１）被選挙権には居住要件がなく、理論的には「帝国臣民」である外地の住民も立候補することが可能であったが、現実には内地に居住しない朝鮮人・台湾人が立候補した例はなかった［水野］。
（２）憲法草案の過程で「臣民」と「国民」は何度か入れ替わったということであるが、その理由等の詳細については不明である。
（３）詳しくは、近藤敦「永住外国人の地方選挙権をめぐる最近の論点」『法学セミナー』No. 552. 近藤は後者の解釈の立場をとる。
（４）たとえば、田中直毅の発言を参照。「ネットで議論／／『永住外国人の地方参政権』」『朝日新聞』二〇〇〇年一〇月一五日（朝刊）。
（５）ニュージーランドは、外国人の参政権が国政レベルでも認められている数少ない例である。
（６）なお、実際にはアメリカにおいても外国人参政権を認める自治体があることを付記しておきたい。オーストラリアでも州によっては自治体レベルの参政権が認められている。
（７）梶田孝道は、フランスの政治学者Ｐ・ヴェイユが、社会学的な生活実態としては生まれながらのフランス人と異なることのない移民第二世代等を指すのに用いた「社会学的なフランス人 Français sociologiques」という概念を援用して、「社会学的日本人」に言及している。

（8）この部分の記述については、栗原による『朝日新聞』の論評に負っている。

引用・参考文献

伊豫谷登士翁［二〇〇〇］「グローバル化と定住外国人の政治参加」宮島喬編『外国人市民と政治参加』有信堂。

梅棹忠夫（監修）・松原正毅・総合研究開発機構編［一九九五］『世界民族問題事典』平凡社。

小熊英二［一九九五］『単一民族神話の起源――〈日本人〉の自画像の系譜』新曜社。

小熊英二［一九九八］『〈日本人〉の境界――沖縄・アイヌ・台湾・朝鮮　植民地支配から復帰運動まで』新曜社。

梶田孝道［一九九九］「現代フランスにおける国民／外国人の境界をめぐる論争――「シビック・ネイション」「エスニック・ネイション」の概念に着目して」『フランスの大都市圏における移民の社会的統合政策の調査研究』（平成九―一〇年度科学研究費補助金研究成果報告書）。

嘉本伊都子［二〇〇一］『国際結婚の誕生――〈文明国日本〉への道』新曜社。

金千佳［二〇〇〇］「オランダにおける外国人参政権の意義と位置付け――移民たちの国籍と市民権」『日蘭学会会誌』二五巻一号。

栗原彬「『奉仕活動 義務化』の衝撃」『朝日新聞』二〇〇〇年一一月一日（夕刊）。

古関彰一「主権者『国民』とは誰だろうか」『世界』一九九五年六月号。

近藤敦「永住外国人の地方選挙権をめぐる最近の論点」『法学セミナー』No.五五二、二〇〇〇年。

近藤孝弘「『国民の歴史』というファンタジー」『世界』二〇〇〇年三月。

塙叡［一九八〇］「明治三十二年の国籍法成立に至る過程――日本国籍法史序説」『日本社会史研究』笠間書院。

田代有嗣［一九七〇］「戸籍と国籍との関係について」（上）『戸籍』第二八三号。

鄭大均『産経新聞』二〇〇〇年九月二〇日（朝刊）
西尾幹二・新しい教科書をつくる会編［一九九九］『国民の歴史』扶桑社。
樋口直人［二〇〇一］「外国人参政権論の日本的構図——市民権論からのアプローチ」ＮＩＲＡシティズンシップ研究会編『多文化社会の選択——「シティズンシップ」の視点から』。
藤原帰一「『国民の物語』の誘惑」『朝日新聞』二〇〇〇年二月一六日（夕刊）。
水野直樹［一九九六］「在日朝鮮人・台湾人参政権『停止』条項の成立——在日朝鮮人参政権問題の歴史的検討（一）」『研究紀要』第一号、世界人権問題研究センター。
尹健次［一九九五］「『帝国臣民』から『日本国民』へ——国民概念の変遷」『過去の清算』岩波書店。
Brubaker, R. William (ed.)［1989］*Immigration and the Politics of Citizenship in Europe and North America*, Lanham: University Press of America.
Hammar, Thomas［1990］*Democracy and the Nation State*, Aldershot: Avebury.
Bauböck, Rainer［1994］*Transnational Citizenship: Membership in International Migration*, Aldershot: Edward Elgar.
Kashiwazaki, Chikako［1998］'Jus Sanguinis in Japan: The Origin of Citizenship in a Comparative Perspective' *International Journal of Comparative Sociology* 39 (3), pp. 278-300.
Layton-Henry, Zig (ed.)［1990］*The Political Rights of Migrant Workers in Western Europe*, London: Sage.
Australian Citizenship Council［2000］*Australian Citizenship for a New Century*, Canberra: AGPC.
Parekh, Bhikhu (ed.)［2000］*The Future of Multi-ethnic Britain*, The Parekh Report, Profile Books.
Soysal, Yasmin［1994］*Limits of Citizenship: Migrant and Postnational Membership in Europe*, Chicago: The University of Chicago Press.

第三章 「文化」としての日本人
——日本人のアイデンティティへの一つの示唆

園田 英弘

グローバルな時代になっても、「国家」「国民」という単位は容易になくならない。むしろ、事態の推移によっては、「国家」は安全保障や労働市場の防波堤として、今までにない役割を果たすことになるかもしれない。モノ・ヒト・情報のランダムな交流が高まれば高まるほど、グローバルな世界の安定装置として「国家という単位」は重要性を増すかもしれないのである。これは、古くからある、「自由」と「統制」のディレンマであろう。「自由」の拡大は、その「自由」を維持・発展させるためにも、どこかで安定した「統制」の装置が必要になってくる。

私は、社会哲学めいた難解なことを言いたいわけではない。わかりやすい例として「道路」のことを考えてみよう。自転車もオートバイも自動車もなかった時代の道路は、道路交通のルールなど、ほとんど必要なかった。ところが、多種多様な交通手段が、より「自由」に道路を走り回ることによって、道路は、さまざまなルールにより強い「規制」の下に置かれざるを得なくなったのである。言い換えれば「自由」は「規制」があって初めて実現されるのである。田舎の道よりは、都会の道路のほうがよりいっそう「規制」されざるを得ない（信号・横断歩道・駐車禁止帯など）。このような「規制」があって、初めて都会の道路は「自由」に利用できるのである。都会の道路よりも、高速道路の方がよりいっそう、高度な交通ルールの規制下に置かざるを得ない。高速道路（free way）は、高度の管理によって、初めて「自由な道」として機能するのである。

このように、グローバルな社会は、無規制で、単純な「自由」を謳歌できるような世界ではない。慎重な安全保障についての配慮なくしては、グローバルな社会が民族紛争という混沌の世界に沈んでしまうのは、われわれが日々のニュースで見聞きしているところである。国連や、国際通貨基金や、その他さまざまな国際機関や条約によって、グローバルな社会のインフラストラクチャーが形作られ、その枠内でヒト・モノ・カネの「自由」な交流が可能になっていることを忘れてはならない。そして、このようなグローバル社会の基本単位は「国民国家」なのである。したがって、当面の問題は、グローバル社会に適合的な「国民国家」のあるべき姿を考えることであろう。

今まで、「日本人」とは、自明のものと見なして議論が展開されてきた。端的に言えば、日本人としての「血」を受け継ぎ、日本の「国籍」を持ち、基本的には日本で生まれ育った「日本人」という単位が、日本という国民国家の正式な構成メンバーであると見なされてきた。そして、非正規滞在者への「在留特別許可」という制度も、これまでは原則として、こうした「日本人」とのつながりを重視して、つまり日本国籍を持つ人の配偶者や養育者に対して認められてきた。ところが、この条件を満たしていないイラン人の子どもを含む四家族に対して、二〇〇〇年、法務省は「在留特別許可」を認めたのである。日本で生まれたイラン人の子供たちが、日本語しか喋れず、強制送還してもイランでの生活への適応が困難であると、法務省が判断したからであろう。守りの堅い法務省も、従来の原則を覆して、生活実態としての「文化」に肩入れした判断を示したと言うことができる。

私は、「国家」そして「国籍」という枠組みは、グローバル時代の基本的単位が「国民国家」であるかぎり、ともに容易には崩壊しないし、そのようなことはすべきでないと考える。しかしながら、国際間の労働力の移動や、国際結婚の増加によって、先に述べた古典的「日本人」が、この日本列島から相対的に少なくなっていく長期的見通しは、不可避の傾向であると思われる。かつては日本では、日本人であることと、日本の「国籍」を持つことと、「日本の文化」に依拠して生きることは、ほとんど同義であった。ところが、日本が帝国支配に乗り出すと、この等式は壊れざるを得なかった。台湾の領有や日韓併合などによって、日本という「領土」の中に多数の、日本の「文化」を共有しない、異なるエスニシティの人々を抱え込むことになったからである。小熊英二氏は『〈日本人〉の境界』で、「包摂」と「排除」という概念を用いて植民地帝国の「日本人の境界」をシャープに分析している。帝国支配の貫徹のために、できるだけ広い範囲の人々を「包摂」し、しかしながら対等の日本人としては「排除」するという二重の構造は、戦前の日本が単なる「国民国家」を超えて、帝国支配のゆえに抱え込まなければならなかった、矛盾であった。

戦後、この日本列島に回帰した日本人は、アイヌや在日コリアンなどの少数の例外はあるが、いわば江戸時代的な、日本人による日本人の国家・社会を構成する。日本は、「日本人」だけで構成されているという、厳密には疑わしいが、広く定着した「常識」は、一種の江戸時代への先祖帰りのようなものであった。戦後五〇年の間に、多くの日本人が海外体験をし、またアメリカの「文化」を中心に、大量の外国産の「制度」や「文化」が、日本に大幅に導入された。そして、その延長上に登場したのが、グローバルな時代であった。

私は、「国民国家」成立以来の日本の「文化」は、グローバルな時代に相応しく、再構築（restructuring）しなければならない時期にきている、と考える。本書に収められている各論文は、それらをさまざまな観点から、考察したものであるが、編者としての問題点をいくつか指摘し、結論に代えたい。

（1）日本文化は、「不変の固い核」をもったタイプの「文化」ではない。だからこそ、西洋の東漸に対して、いち早く文化の再編成に乗り出し、近代化に邁進し、日本の「独立」を維持することができた。かつて、桑原武夫は明治維新を「文化革命」だと述べたことがあるが、「文化」が容易に変わりやすいのは、ある意味では日本の長所であり、同時に短所でもある。一国の「文化」は、一つの社会の安定装置であり、また同時に、「文化」が安定してこそ深みのある「文化的洗練」「人間的成熟」も可能である。グローバルな時代は、よりいっそう、日本の「文化」の不安定性が増大する時代であろう。したがって、ある意味では意図的に、過去の「文化」の伝承、あるいは「伝統」の発明に配慮しなければならない。全国各地でなされている、伝統の掘り起こしは、「村おこし」「町おこし」の手段という功利的な動機も背景に見え隠れするが、私はそのようなことにこだわる必要はないと思う。重要なのは、かつては「文化」を変えることが、一九世紀の西洋化（当時のグローバリゼーションの一種）の主要な課題であったが、現在は「文化」を変えすぎないように配慮することが、現在のグローバリゼーションへの対処の心がけの第一だと考える。情報・交通の高度化に伴って、日本の「文化」はかつてないほどに、急速な変動に見舞われているが、「文化」は、それを担っている人々の持続観・連続観を「守る」役割を持つ。自己認識の一貫性（アイデンティティという表現を使いたければそう表現してもよい）を保つためにも、グローバル社会のなかで、明確な「日本人」の自画像を相手に提供するためにも、なんらかの形で「変わりにくい」文化の部分を維持することは重要なことである。グローバルな時代には、好むと好まざるとにかかわらず、いずれにせよ日本の「文化」は、急速に変わっていくだろう。それだからこそ、変わらない努力も一方では必要なのである。これが、グローバルな時代の重層的日本の「文化」の、根底になければならないものである。

（2）右で述べたことと、表面的には逆説的に思われるかもしれないが、近代日本が生み出した「国民国家」のつくり上げた基本的な構造を、グローバルな社会に向けて、再定義する必要があるのではなかろうか。日本にかぎらず「国民国家」は、それが普遍主義的体裁をとっていようとも、また特殊主義的体裁をとっていようとも、ともに他国を視野の中に入れない建国神話で成り立っていた。強い政治的求心力こそが求められた時代においては、やむを得ない選択であったかもしれない。日本において天皇中心主義的な国体論は、日本の敗戦によって一応崩壊したが、その崩壊の仕方が十分であったかどうか、熟慮する必要があろう。言い換えれば、時間的な余裕なしで、大急ぎでつくり上げられてきた日本の「国民国家」の基本構造を、もう一度ここで立ち止まり、グローバルな時代に適合的な形態に改変する可能性を模索すべきではないかと思う。問題の焦点は、とうぜん「天皇」問題である。

私は、天皇という存在は、「国民統合の象徴」（日本国憲法第一条）ではなく、日本の古くから続いてきた「文化の伝承」の、最も権威ある代表的な存在であると考える。ところが、明治初期から徐々に形成された天皇像は、「将軍」あるいは「武家」をモデルにしたものであった。しかもそれに、西洋の君主制のあり方が、模倣し加味され、ついには「大日本帝国」の「皇帝」(Emperor、現在でも対外的には、日本政府は天皇について、このような表現を踏襲していることはすでに述べた)という、伝統的な天皇像とは大きくかけ離れたものになった。制度上の皇帝的天皇と、「君臨すれども統治せず」という立憲君主制的な天皇があったことは、私も承知している。後者を強調すれば、江戸時代以来、一貫して天皇は政治的には「空」なる存在で、「皇室制度」は現在まで連続性を保っているということになる。しかし、江戸時代の天皇は、はたして君主であっただろうか。歴史研究において、「天皇」を「王権」という枠組みの中で論じようとする試みがあるが、少なくとも近世以降の歴史的存在としての天皇は、「王権」や「君主」という観点からではなく(それは本質論的アイデンティティ論である)、権威ある伝統の継承者という観点から論じるべきである。

「天皇」は、戦後改革によって「国民統合の象徴」となり、戦前もその実態は同様であったという意見もあるが、立憲君主としての天皇はたんなる「国民統合の象徴」以上の意味を持っていたことは明白である。私は、天皇制廃止論者ではない。日本の貴重な「文化」的ストックの体現者であると思っている。

しかし、日本という「国家」と「国民」は、すなわち政治的共同体としての日本は、天皇という「象徴」がなくても「統合」できる時代に来ていると考える。日本の敗戦後、一定の期間であれば、日本の国内安定のためにも天皇が「国民統合の象徴」でなければならなかったかもしれない。それは、戦前の天皇中心主義的な教育を受けた「戦前人」が国民の大多数を占めていた時期における、当時の「国民国家」の残務整理の一環だったのではないか。戦後生まれの、天皇制教育を受けていない日本人が多数派を占めるようになった現在、天皇は江戸時代の京都で果たしていた役割まで、戻ってもいいと考える。場所性の観点から論じるなら、「武家」の棟梁であった「将軍」の居城（その基本的性格は要塞）である旧江戸城に、「皇室」がその生活と職務の中心的拠点を置く必然性があるであろうか。「権力」と「権威」の分離という、いささか言い古された表現を用いるならば、「権力」と「権威」は同じ都市空間にいる必要はない。江戸時代がそうであったように。また、「ミヤコ東京」は天皇を手放して、完全な意味での「首都東京」になるべきなのではないか。少なくとも現在進行中の「首都機能移転」という、姑息な問題の設定の仕方で、重要な論点を回避しながら、日本の「国家」の将来を議論すべきでない（この点に関する私の意見については、国土交通省首都機能移転室のホームページ「オンライン講演会」に『ミヤコ論』から見た首都機能移転」という短文を参照されたい）。

さらに、高木論文が提起している「仁徳天皇陵」を世界遺産にという問題提起は、二一世紀の天皇制のあり方を考える上では、興味深い。「東アジアの中の巨大古墳」という視点から、天皇陵を位置づけようとする試みは、世界遺産という西洋的観点から見た「普遍性」、東アジアのなかでの「過去の共有」などさまざまな問題点が交錯する、テーマである。二一世紀の天皇制は、このような試練に耐えるものでなければならない。

（3）日本の「文化」は、数多く世界に輸出されている。それは工業製品のみならず、アニメ・マンガ・カラオケ・回転ズシなどから、お茶・お花・盆栽・俳句・柔道・空手・囲碁・将棋・寿司などまでにわたる。さらにまた、日本語自体が世界の各地で学習されている。これはたんに日本の経済的成功のせいだけではない。バブル崩壊後においても、世界で日本語を学習している（中等教育・高等教育レベルで）者は、増加傾向にあるのである。グローバルな社会は、世界の各地で「文化複合」が進行する時代である。オランダに行けば、列車の駅の近所には、必ずと言っていいほど中華料理の店がある。小渕内閣の諮問機関「二一世紀日本の構想」懇談会は、英語を第二公用語にする可能性を検討するように提案したが、私は賛成しがたい。英語は、確かにグローバル社会におけるコミュニケーションのインフラストラクチャーである。英語が、もし現代において、国際間の共通言語的な役割を果たしていなかったならば、世界の混乱はもっと大きかったに違いない。しかし、日本の普通の日常生活までエイゴを必要とする時代が来るとは思わないし、もしそうなればそれは望ましい社会ではない。グローバリゼーションとは「マクドナルドゼーション」という言葉に象徴されるように、アメリカナイゼーションと同一化される傾向にあるが（特にアメリカ人は）、そうではない。世界の相互依存の高まりとともに、貿易・金融・環境・医療・教育などの共通の「制度」的インフラの整備と同時に、世界の多様な「文化」が、その魅力ゆえに、世界に拡散していく「プロセス」のことである。それぞれの国の「文化」が雑種性を高め、あるいは「文化」が流動化する「プロセス」といってもよいかもしれない。

また興味深いことには、「文化」のブーメラン現象のようなものも見られる。『外国語になった日本語の事典』〔岩波書店一九九九〕という小さな事典に「さむらい」(samurai) という項目を書く機会があった。私は、念のために小学校の六年生の娘に「さむらい」という言葉を知っているかと聞いてみたら、知らなかった。私の娘が例外ではなかった。彼女の友達五人ほどに、同じことを聞いてみたが、反応は同じだった。英語の世界では、「サムライ」は、良きにつけ、悪しきにつけ、日本人の代名詞のようになっているが、日本人の若い世代は「サムライ」を知らない。知っていても、ぼんやりとしか知らない。一つの理由は、小学校の教科書では、「武士」という言葉で統一し、「サムライ」は一度も出てこないからである。これは推測だが、アメリカ人のほうが「サムライ」を知っているのではないだろうか。二年前に評判になった、「スターウォーズ・エピソード1」では、ふんだんに「サムライ」イメージが出てくる。それを、日本人の子供が見て喜ぶのである。「ローニン」というアメリカ映画もあった。数多くのカラテを主題にした、ハリウッド映画もある。このように、日本のさまざまな伝統文化が、外国を通過することによって、新しい「文化」として活性化する。その新たに活性化された「文化」が、その文化の「本国」に逆輸入されて異文化として、楽しまれるのである。グローバルな時代は、文化交流が加速度的に高度化し、無国籍化する。

ワシントン・DCは、第三世界の首都だといわれる。移民国家のアメリカは、数多くの移民・難民を受け入れてきた。アメリカ合衆国という国自体が、一つのグローバルな社会的側面をもっているのである。先日、アメリカの一〇〇万を超える大都会で、いわゆる白人の人口が五〇％を切って、白人が「マイノリティ」化したという報道があった。これは、貧富の格差が増大し、白人がますます大都会を捨てて、大都市近郊の郊外の住人になっているということでもあるが、それだけ多くの移民・難民を受け入れているということでもある。非移民国家の日本は、アメリカのような状態に近い将来なることはないが、長期的展望にたった、移民政策・言語政策の構築が望まれる。日本は、言語的・民族的な同質性の高い国であることは、間違いない。そして、多くの人々は、できれば現状を維持できれば望ましいと思っているだろう。

私としても、そのようなことが可能ならば、せめて留学生を増やすといったぐらいの対応で、グローバル社会を乗り越えられるのではないかと願いたい。しかし、すでに多くの人々が、日本が活力ある社会であり続けるためには、異質の「文化」を持った、有能な人材を引きつける魅力をもたなければ、日本の将来は暗いと思っている。また、英語のみならず、多くの言語を自由に駆使できる人々が日本の社会のなかで、生活していることは、国際的なネットワークを日本が築くうえでも、不可欠である。さらに、いわゆる純粋な「日本人」という「血」の継承も、国際結婚が増えていけば、困難になるに違いない。一〇〇年後の日本人は、容貌的にもずいぶんと変わったものになっているのではなかろうか。

結局、「日本人」とは何でありうるのか。日本国籍をもつものが日本人の最大グループであり「元祖」の日本人であることは、間違いない。異なる「血」と「文化」をもった人々が、日本の国内に定住し、職場をもち、家族形成をするようになっていく傾向は増加するであろう。日本の国籍を持たない、日本国内の定住者（すなわち「社会学的日本人」や狭義の「日本列島民」）の拡大は、政策的課題であるとともに、政策ではコントロールできないグローバル時代の一大潮流なのではないか。

異文化との対立は、「国内化」するかもしれない。このような、文化的対立の一種の緩衝剤として、今から重要な役割を期待できるのが、日本の多様な「文化」を身につけた「文化としての日本人」ではなかろうか。「国籍」や「国内定住」ではなく、日本の「文化」を身につけたかどうかで、日本人を定義するならば、ここには新しいタイプの日本人が「発見」できるのではないか。しかも、彼らや彼女らはたんなる緩衝剤ではない。背景として異質の文化をもちながら、しかも同時に日本の「文化」の「内側からの」理解者である。「本人のなかで二つの文化が融合し、また対立しているような」存在なのである。

このような「文化としての日本人」が国内に多数存在することによって、新しい文化創造の起爆剤となり、もともと重層構造をなしている日本の「文化」に、グローバルな時代に相応しい、もう一つの層を重ね合わせてくれる、重要な存在になるのではなかろうか。また、海外にも「文化としての日本人」がかなりの数、存在している。彼らや彼女らが、日本に好意的かどうかは、判らない。まして、日本の「国益」のために働いてくれるとは限らない。しかし、「文化」を共有しているこれらの人々が、グローバル時代のなかで浮遊する日本が「自閉症」になっていくのを阻止する、貴重な存在になることを、私は予感している。

参考文献

小熊英二［一九九八］『〈日本人〉の境界――沖縄・アイヌ・台湾・朝鮮　植民地支配から復帰運動まで――』新曜社。

加藤秀俊・熊倉功夫編［一九九九］『外国語になった日本語の事典』岩波書店。

「二一世紀日本の構想」懇談会（座長　河合隼雄）報告書［二〇〇〇］『二一世紀日本の構想　日本のフロンティアは日本の中にある――自立と協治で築く新世紀――』。

あとがき

本書は、総合研究開発機構（ＮＩＲＡ）における研究活動の一環として、一九九九年七月から二〇〇〇年一二月にかけて実施された、「日本人のアイデンティティ——グローバル時代における『文化』をめぐる諸問題の考察を中心に」という研究プロジェクトの成果として編まれたものである。

ＮＩＲＡにおける「二十一世紀総合研究プロジェクト」のいわば「文化編」として、新世紀の日本を「文化」の視点から展望するために構想された本研究は、「日本人のアイデンティティ」について再考することを研究目的の中心に据えて出発した。「日本人のアイデンティティ」という表現の是非や「日本人」とは誰を指すのかという議論はさておき、「日本人」と自認している人たちが自分たちの国をどのように認識するのか、という問題がきわめて重要であることは論をまたない。それは、国内のさまざまな政策に反映されるにとどまらず、対外的な関係においても少なからぬ影響力を持っている。過去において極端な場合には、「日本人」としての自己認識のあり方が、戦争を支えるイデオロギーが形成されるうえで一定の役割を果たしたことを想起すべきであろう。さらに近年の歴史認識をめぐる論争が、「日本人」の自己認識のあり方と密接に関わっていることは周知のとおりである。

本研究が目指したのは、近年、論壇をにぎわしている日本人の「あるべき」アイデンティティ論の類書をもう一冊増やすことではない。それは、「日本人」や日本の「文化」を所与のものとして疑わず、「過去」を過剰に美化する傾向に対して一石を投じることであった。そのためには「国民国家」日本の黎明期にまで遡り、現在の視点から日本人の自己認識の軌跡を歴史的に検証、相対化し、未来への示唆を引き出すという地道な作業が必要であると考えた。その成果として、本書には「アイデンティティ」や「文化」の概念を再検討するという基本的かつきわめて重要な作業をはじめ、国学や文化財、天皇制、留学、地域文化、国籍など、さまざまな観点からの論考がおさめられている。

ここで断っておかなければならないのは、それらの自己認識に関わる諸課題について、執筆者の間で必ずしも意見の一致をみているわけではないということである。しかしながら、それぞれの見解の相違を超えて、次の点を研究の基本的スタンスとして共有していたことは強調しておきたい。それは、たとえ「国民国家」の枠組みが当面は維持されるとしても、「文化」が流動化する時代にあって、「日本人のアイデンティティ」のみならず、「日本人」とは誰であるのか、その概念そのものを常に相対化し、問い直していくための努力を怠ってはならない、ということである。

本書は多くの方々に支えられて誕生した。園田英弘氏には、研究会の座長として、また本書の編者として、白幡洋三郎氏、高木博志氏、原武史氏、劉建輝氏には研究会の委員として、常に熱心に研究に取り組んでくださり、惜しまぬご尽力をいただいたことに心から感謝の気持ちを表したい。研究会は東京、京都をはじめ国内のいくつかの都市で、さらには上海でも開催された。研究会が所定の時間内に終わったことはなく、深夜まで熱い議論のやりとりが続けられるのが常であった。

地域文化を考察するうえで有益な示唆をいただいた哲学者の梅原猛氏、土佐史談会の内川清輔氏、高知市自由民権記念館の瀬川智子氏、北海道大学の白木沢旭児氏、札幌大学の桑原真人氏、また上海の視点から実りある議論を提供してくださった上海国際問題研究所の呉寄南氏、上海社会科学院の熊月之氏と宋鈷友氏、復旦大学の胡令遠氏にも、この場を借りてお礼を申しあげたい。

末筆ながら、編集の過程で大変お世話になった日本経済評論社の宮野芳一氏に、あらためて感謝したい。

二〇〇一年七月

ＮＩＲＡ「日本人のアイデンティティ」研究会　事務局

研究体制

座　長	園田　英弘	国際日本文化研究センター教授
委　員	白幡洋三郎	国際日本文化研究センター教授
	高木　博志	京都大学人文科学研究所助教授
	原　　武史	明治学院大学国際学部助教授
	劉　　建輝	国際日本文化研究センター助教授
事務局	端　　信行	総合研究開発機構理事・京都橘女子大学文化政策学部教授
	赤松　秀樹	総合研究開発機構理事（前）
	杉田　伸樹	同　研究開発部長
	飯笹佐代子	同　主任研究員
	生駒　良雄	同　主任研究員
	伏屋　譲次	同　主任研究員（前）

執筆分担

序　章　園田　英弘（そのだ　ひでひろ）
1947年生まれ．国際日本文化研究センター教授．『西洋化の構造――黒船・武士・国家』思文閣出版，1993年．『「みやこ」という宇宙』NHKブックス，1994年．

第Ⅰ部

第１章　原　武史（はら　たけし）
1962年生まれ．明治学院大学国際学部助教授．『大正天皇』朝日選書（663），2000年．『可視化された帝国』みすず書房，2001年．

第２章　高木　博志（たかぎ　ひろし）
1959年生まれ．京都大学人文科学研究所助教授．『近代天皇制の文化史的研究』校倉書房，1997年．

第３章　劉　建輝（りゅう　けんき/Liu Jianhui）
1961年生まれ．国際日本文化研究センター助教授．『帰朝者・荷風』明治書院，1993年．『魔都上海』講談社メチエ，2000年．

第Ⅱ部

第１章　端　信行（はた　のぶゆき）
1941年生まれ．京都橘女子大学教授，総合研究開発機構理事，国立民族学博物館名誉教授．『ボランタリー経済とコミュニティ』（共編著）白桃書房，2000年．『文化政策入門　文化の風が社会を変える』（共編著）丸善，2001年．

第２章　白幡洋三郎（しらはた　ようざぶろう）
1949年生まれ．国際日本文化研究センター教授．『カラオケアニメが世界をめぐる』PHP研究所，1996年．『花見と桜〈日本的なるもの〉再考』PHP新書，2000年．

第３章　生駒　良雄（いこま　よしお）
1962年生まれ．総合研究開発機構主任研究員（文部科学省より出向）．

第Ⅲ部

第１章　飯笹佐代子（いいざさ　さよこ）
1959年生まれ．総合研究開発機構主任研究員．

第２章　園田　英弘（そのだ　ひでひろ）
同前．

NIRAチャレンジ・ブックス
流動化する日本の「文化」――グローバル時代の自己認識

2001年9月25日　第1刷発行

定価（本体2300円＋税）
編著者　園田　英弘
発行者　栗原　哲也

発行所　株式会社日本経済評論社
〒101-0051　東京都千代田区神田神保町3-2
電話03-3230-1661　FAX03-3265-2993
E-mail : nikkeihyo@ma4.justnet.ne.jp
URL : http://www.nikkeihyo.co.jp
装幀・鈴木弘
印刷・シナノ　製本・協栄製本

ISBN 4-8188-1374-5

「NIRAチャレンジ・ブックス」の刊行にあたって

二一世紀を迎えてヒト、モノ、カネ、情報のグローバル化が一層進展し、世界的規模で政治・経済構造の大変革が迫られています。冷戦構造崩壊後の新しい世界秩序が模索されるなかで、依然として世界各地で紛争の火種がくすぶり続けています。国家主権が欧州連合のような地域統合によって変容を余儀なくされる一方で、文明、民族、宗教などをめぐる問題が顕在化しています。二〇世紀の基本原理であった国民国家の理念と国家の統治構造自体が大きな試練を受けています。他方、わが国は、バブル崩壊後の長期経済停滞に加えて、教育、年金、社会保障、経済・財政構造などの分野で問題が解決できないままに新世紀を迎えました。わが国のかたちと進路に関する戦略的ビジョンが求められています。

人々の価値観が多様化するなかで諸課題を解決するには、専門家によって多様な政策選択肢が示され、良識ある市民の知的でオープンな議論を通じて政策形成が行われることが必要です。総合研究開発機構（NIRA）は、産業界、学界、労働界などの代表の発起により政府に認可された政策志向型のシンクタンクとして、現代社会が直面する諸問題の解明に資するため、自主的・中立的な視点から総合的な研究開発を実施し、さまざまな政策提言を行って参りました。引き続き諸課題に果敢にチャレンジし、政策研究を蓄積することが重要な使命と考えますが、同時に、より多くの人々にその内容と問題意識を共有していただき、建設的な議論を通じて市民が政策決定プロセスに参加する道を広げることがいま何よりも必要であると痛感しております。「NIRAチャレンジ・ブックス」はそうした目的で刊行するものです。この刊行を通して、世界とわが国が直面する諸問題についての広範囲な議論が巻き起こり、政策決定プロセスに民意が反映されるよう切望してやみません。

二〇〇一年七月

総合研究開発機構理事長　塩谷　隆英